W0048147

BAIRISCH FÜR ANFÄNGER

Langenscheidt

Berlin · München · Wien · Zürich
London · Madrid · New York · Warschau

LANGENSCHEIDT
BAIRISCH FÜR ANFÄNGER

Text: Claudia Halbedl
Lektorat: Alexandra Desbalmes
Illustrationen: Jan Reiser
Layout: Dorothea Huber
Projektleitung und Redaktion: Eva Betz, Heike Richini

© 2010 Langenscheidt KG, Berlin und München
Satz: Franzis print & media GmbH, München
Printed in Germany
ISBN 978-3-468-73800-5
www.langenscheidt.de

10010

INHALT

IST DIE BAIRISCHE SPRACHE FÜR SIE EIN BUCH MIT SIEBEN SIE-GELN, LEGEN WIR IHNEN DIESE LEKTÜRE WÄRMSTENS ANS HERZ. SIE VERHINDERT, DASS SIE IM FREISTAAT BEIM WORT *AUSZOGNE* AUF SCHLÜPFRIGE GEDANKEN KOMMEN, BEIM SPRUCH *DŌ LEGSD DI NIEDA* IN DIE KNIE GEHEN ODER ALS MANN *DEANDL MID HOIZ VOA DA HIDDN* ANBRENNEN LAS-SEN. MIT WORTEN WIE *OACHKAZLSCHWOAF* UND *GSCHBUSI* HABEN DIE BAYERN DIE HERZEN UND OHREN DER DEUTSCHEN EROBERT. DAS UMFRAGEERGEBNIS DES MARKTFORSCHUNGS-INSTITUTS EMNID (2009) SPRICHT EINE KLARE SPRACHE: BAIRISCH IST DER SCHÖNSTE UND BELIEBTESTE DEUTSCHE DIALEKT. BEACHTEN SIE EIN PAAR BESONDERHEITEN DER

SÜDDEUTSCHEN MUNDART, UND BAIRISCHLERNEN SOLLTE FÜR SIE KEINE KUNST SEIN: WER IN BAYERN A SAGT, MUSS NICHT C, T, Q, X UND Y SAGEN. C WIRD ZU K, T WIRD OFT DURCH D ERSETZT, Q WIRD IN GW UMGEWANDELT, UND X UND Y EXISTIEREN NICHT. DAS Ā WIRD LANG UND DUNKEL GESPROCHEN, WÄHREND DAS NORMALE A EHER KURZ UND HELL KLINGT. DAS Ō IST EIN LAUT ZWISCHEN A UND O UND WIRD ÄHNLICH WIE DAS ENGLISCHE WORT *WALL* LANG BETONT. DAS S IST SO STIMMLOS WIE DAS SCHARFE S IN DER SCHRIFTSPRACHE. UND GANZ WICHTIG: UM NICHT SOFORT ALS SAUBREISS ENTLARVT ZU WERDEN, SOLLTEN SIE FLEISSIG DAS ROLLENDE R ÜBEN.

AUF GEHT'S BEIM SCHICHTL!

1X1 DES BAIRISCHEN

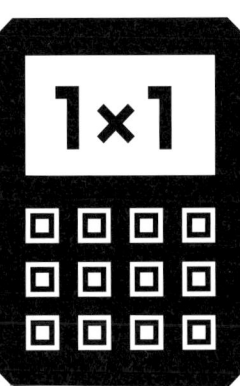

⬎ CRASHKURS

⬎ **Guten Abend!**
'N Āmd!

⬎ **Immer rein in die gute Stube!**
Kemmds ruhig eina in d'Schdum!

⬎ **Haben wir heute Föhn?**
Fehndlds heid?

⬎ **Ich möchte ein Zimmer bestellen.**
I daad gean a Zimma bschdäin.

⬎ **Ich heiße Josef Treitinger.**
I hoass Dreidinga Säbb.

⬎ **Am 12. Januar bin ich geboren/habe ich Geburtstag.**
Am zwäifdn Janua waare auf d'Wäid kemma/hōb
i Gebuadsdōg.

⬎ **Ich verstehe Sie/dich nicht.**
I vaschdee Eana/vaschdeede need.

↘ Können Sie/Kannst du mir das erklären/übersetzen?
Kennas/Konnsd ma des glärmächa/iwäsetzn?

↘ Nein, das ist nicht nötig.
Naa, brauchds need.

↘ Gibt es dieses Hemd auch in einer anderen Farbe?
Hāms des Hemad in a ändan Fārb?

↘ Gute Reise!
Guade Roas!

↘ Grüße an die Familie.
Grlass de deina.

↘ Wir kommen nächstes Jahr wieder.
Mia kemman näxds Jōr wieda.

↘ Wie viel ist auf dem Taxameter?
Wiavui is'n aufm Daxamedda?

10

ARSCHLINGS

Das Gegenteil von „immer der Nase nach" im Sinne von vorwärts müsste bei den Bayern „immer dem Arsch nach" heißen. Feine Hochsprachler können den Bayern mit dem hochdeutschen Wort „rückwärts" den Buckel runterrutschen. Geradeaus wie sie sind, setzen sie vokabularisch nämlich weiter unten an und sagen stattdessen *arschlings*.

AUFBREZLN

Frischgebackene Miss Bayerns sind mächtig *aufbrezlt* (= aufgetakelt). Ihren gesunden braunen Teint bekommen sie aber nicht durch Lauge und Salzpeeling, sondern durch reichlich Make-up, Puder und Rouge. Zum Anbeißen!

BAGAASCH

Ist der Bayer Leuten nicht gut gesonnen, kommt ihm gerne mal der abwertende Ausspruch *„So a Bagaasch"* über die Lippen. *Bagaasch* ist vom französischen *„Bagage"* für „Gepäck" abgeleitet und heißt hier so viel wie: „So ein Lumpenpack!" Gemeint sind Kreise mit niederer sozialer Herkunft oder krimineller Gesinnung. Kurzum: das Gesindel.

BAMBBAL...

Bambbal... stellen die Bayern allen Dingen voran, auf die sie herabschauen. Ein *Bambbalwiadshaus* oder *Bambbalgschäfd* ist klein, minderwertig und unbedeutend für sie. Es wird eine

Verwandtschaft zu den italienischen Wörtern „bambino" für „Kind" und „bambola" für „Puppe" vermutet.

BENZN

„Penetranz zahlt sich aus" denken *benznde* Leute und liegen einem mit andauerndem Genörgel und ständiger Bettelei in den Ohren. Sprachforscher vermuten, dass hinter dem Wort *benzn* das althochdeutsche Wort „bensjan" steckt, das „flehen" bedeutet. Aber auch eine Verbindung zum alten Ausdruck „beengetzen", was „in die Enge treiben" heißt, ist denkbar.

BLÄSCHL

Die Zunge als schlagfertiges Körperteil haben die Bayern – abgeleitet vom Verb „bleschen" (= draufschlagen) – *Bläschl* getauft. Schließlich ist sie groß und flach und schlägt im Mund umher. Verlet-zungen ruft das nicht immer hervor.

BREISS

*Breiss*frage: Was haben Bayern und Preußen gemeinsam? Ganz klar: Gegenseitige Vorurteile noch und nöcher. Auch wenn ein Spruch besagt „Kein Feuer, keine Kohle kann brennen so heiß, als heimliche Liebe zwischen Bayer und *Breiss*", sind sie sich zumindest vordergründig nicht gut gesonnen. Bayern bezeichnen übrigens nicht nur Leute aus dem ehemaligen

Preußen als *Breissn*, sondern alle Bewohner nördlich der Donau.

DALOAWID

Auszug aus der Betriebsanleitung für einen Bayern: Ist der Freistaatler *daloawid* (= erschöpft, geschafft) und lässt in seiner Funktion nach, legen Sie seinen Akku mindestens 12 Stunden in eine horizontale „Aufladestation", bevor Sie die Powertaste reaktivieren.

DERBLECKEN: Fragen sich *Grouskobbfade* (= Personen des öffentlichen Lebens): „Spieglein, Spieglein an der Wand, was mache ich falsch im ganzen Land?", bekommen sie spätestens beim Münchener Starkbieranstich auf dem Nockherberg eine Antwort. Hier halten Kabarettisten beim *„Derblecken"*, einem mehr oder weniger scherzhaften Verspotten, der Politikerprominenz äußerst kritisch den Spiegel vor. Über die Herkunft des Ausdrucks gibt es verschiedene Theorien: Neben der Drohgebärde des Zähnebleckens ist auch eine Verbindung zur abwertenden Geste des Zungerausbleckens denkbar. Aber auch der Ausdruck „blank ziehen", im Sinne von „die Auseinandersetzung suchen", wird als Ursprung in Erwägung gezogen.

⤵ DIREDARE

Ohne Moos nichts los. Deswegen sollte man in Bayern immer ein bisschen *Diredare* (= [Bar]Geld) einstecken haben. *Diredare* ist vom alten bairischen Wort *Diradey* abgeleitet, das ein Gemisch aus Roggen und Gerste bezeichnet. Die Kornmischung galt früher als Maßeinheit für den Reichtum eines Landwirts.

⤵ FEHN

Der bayerische *Fehn* (= Föhn) macht nicht nur die Haare schön. Der warme und trockene Fallwind am Nordrand der *Oibbm*

FEI: Die rätselhafte Vokabel *„fei"* – das ist Bairisch für Fortgeschrittene. Denn ein Wort, an das sich mangels Übersetzung selbst der Duden nicht herantraut, ist für *Breissn* eine echte Herausforderung. Der Bayer benutzt das beiläufige, aber doch bestimmte Füllwort, um seine Aussagen zu verstärken. *„Du gfoisdma fei!"* heißt so viel wie „Du gefällst mir ziemlich gut!". *„Du bisd fei a rächda Depp!"* kommt dem Satz „Du bist wirklich ein Idiot!" gleich. Sprachwissenschaftler gehen davon aus, dass es sich um eine dialektale Verkürzung des veralteten hochdeutschen Partikels „fein" handelt (Beispiel: „Sei fein still, damit du niemanden aufweckst."). Zahlreiche Übersetzungsversuche endeten immer wieder bei mühevollen Wortkonstruktionen wie etwa „übrigens wirklich".

(= Alpen) sorgt auch für gutes Wetter und beschert dem ein oder anderen unangenehme Kopfschmerzen.

FOOZHOWE

Erwischt! Sie haben doch sicher gerade an etwas Schweinisches gedacht!? Man kann es Ihnen nicht verdenken – denn *Foozhowe* klingt in der Tat furchtbar vulgär. Auch wenn der *Foozhowe* vom losen Mundwerk der Bayern obendrein noch geblasen wird, ist die so bezeichnete Mundharmonika ganz und gar nicht ordinär.

GAUDI

Wenn es um *Gaudi* geht, sind die Bayern mit ihrem Latein nicht so schnell am Ende. Ist der vom lateinischen Begriff „gaudium" hergeleitete Ausdruck für „Spaß" doch Hauptanlass für die ausgeprägte Feierfreudigkeit der Bayern. Genauso wie für die Spanier gehört *Gaudi* im Freistaat zur Kultur.

GLOANA

Auch wenn man Dreikäsehochs, auf Bairisch *de Gloana* (= die Kleinen), wegen ihres süßen Aussehens zum Fressen gern hat, sind sie wirklich nicht zum Verzehr geeignet.

DA BAIA SŌGD – DER BAYER MEINT

Bayerisch	Hochdeutsch
Griasgood.	Guten Tag.
Pfiagood.	Auf Wiedersehen.
Vagäidsgood/ Saggrischn Dängg.	Danke/vielen Dank.
Momenddal!	Einen Augenblick, bitte!
Bassd scho!	Okay!
Hāms mi/Hōsd mi?	Haben Sie/Hast du mich verstanden?
Ja mei …	*Kurz ausgesprochen:* Da kann man nichts machen. *Mit steigender Stimmhöhe:* Oh je …
Des duadma need!	Das macht man nicht.
Hä!	Hallo!

GLUBBAL

Wussten Sie, dass man Säuglinge nach der Geburt theoretisch an eine Wäscheleine hängen könnte, an der sie sich wegen des Greifreflexes festkrallen würden (bitte nicht nachmachen!)? Unter diesem Gesichtspunkt verwundert es nicht, dass Bayern für Finger und Wäscheklammern das gleiche Wort, nämlich *Glubbal*, verwenden.

GRIABIG

Was wäre der Bayer ohne seine Gemütlichkeit? Er mag es halt *griabig*. *Griabig* ist auf das mittelhochdeutsche Wort „gerüewec" zurückzuführen, was „gelassen" oder „geruhsam" heißt. Herrscht beispielsweise in einem gediegenen Wirtshaus eine angenehme Stimmung, kommentiert das der Bayer mit: „*Mei is des griabig dō*".

GROUSKOBBFADE

Einmal jährlich bekommen die *Grouskobbfadn* (= Personen des öffentlichen Lebens) beim Starkbieranstich auf dem Münchener Nockherberg von Kabarettisten ihren „großen Kopf" gewaschen und zurechtgerückt (siehe auch *derblecken*). Ihre frechen Kommentare über die Politik- und Wirtschaftsmächte treffen fast immer den Nagel auf den Kopf.

GSCHEAD

Gscheade Leute sind *g*emein *s*chuftig *c*harakterlos *h*interhältig *e*hrlos *a*bscheulich *d*eplatziert. Das Wort kommt von „scheren", da das „gemeine Volk" früher kurz geschorenes Haar tragen musste, während eine lange Haarpracht Privilegierten vorbehalten war.

> Treffen sich ein Bayer und ein Preuße beim Bergsteigen. Sagt der Bayer: „Griasgood". Daraufhin antwortet der Preuße: „So hoch klettere ich nicht!"

HAISL

Auf dem *Haisl* (= Klo) werden in langen, sch(w)eißtreibenden Sitzungen kleine und große Geschäfte abgeschlossen. Achtung: Manch anrüchige Geschäfte stinken (nicht nur dort) zum Himmel.

HAWADÄRE

Ehre, wem Ehre gebührt! Bayern erweisen sie ihren Gegenübern ganz besonders gerne und grüßen nicht selten mit *Hawadäre* (= Habe die Ehre). Die Grußformel mag ein wenig formal und veraltet klingen, ist aber auch unter jungen Bayern noch sehr beliebt. Alte Traditionen zu bewahren ist unter den Freistaatlern doch Ehrensache!

MIDBRINGSL

Vorweg: Wir bekommen keine Provision von den Souvenirläden auf dem Münchener Marienplatz! Aber glauben Sie uns: In Bayern gibt es viele typische *Midbringsl*, die lohnen, nicht mit leeren Händen nach Hause zu reisen. Gängige Souvenirs sind: Maßkrug, Bier, eingeschweißte Weißwürste, Rautenhalstuch, Schnupftabak, Trachtenhut, Gamsbart, Schneekugel vom Oktoberfest …

MINGA

Bairische Sprache – schwere Sprache! Zum Leidwesen unserer türkischen Freunde gibt es in Bayern kein „ü". Die bayerische Hauptstadt München heißt unter den Freistaatlern *Minga*.

ODL

Wenn Ihnen auf der Autofahrt durch Bayerns ländliche Gebiete ein unangenehmer Geruch in die Nase steigt, muss das nicht bedeuten, dass sich einer der Mitinsassen nicht beherrschen konnte. Riecht die bayerische Natur alles andere als nach Irisch Moos, wurden die Felder mit *Odl* (= Jauche) bearbeitet – einem übel miefenden Dünger aus tierischem Urin und Kot.

ÖHA

Diese drei Buchstaben haben es in sich, und dabei macht der Ton die Musik. Je nach Betonung kann „*Öha*" Reue ausdrücken wie etwa „Entschuldige, war ein Versehen!", für Überraschung

im Sinne von „Da schau an!" stehen oder warnende Worte wie „Bis hierher und nicht weiter!" ersetzen.

OHRWASCHL

Wer nicht hören will, muss fühlen. Wer in Bayern nicht gehorcht, dem wird gedroht: „*I ziag da glei d'Ohrwaschln* (= Ohren) *lāng!*".

PFIADDI

Dass für streng katholische Bayern Gott allgegenwärtig ist, bringen sie mit ihrer Sprache unmissverständlich zum Ausdruck. Bei keiner Verabschiedung darf der liebe Herrgott unerwähnt bleiben. Statt „Tschüs" zu sagen, was im Freistaat fast an Sünde grenzt, verabschieden sie sich mit „*Pfiagood*" oder abgekürzt „*Pfiaddi*", was von „Behüt dich (Gott)!" abgeleitet ist.

PFUNDIG

Wenn Sie jetzt annehmen, das Wort *pfundig* sagt man zu dicken, schwabbeligen Nimmersatts, liegen sie fett daneben. Finden die Bayern etwas *pfundig*, drücken sie damit aus, dass es gut, schön oder schwer in Ordnung ist.

⌐ RAADSCHN

Was gibt es Unterhaltsameres als zu plaudern? Wenn Bayern ein Gespräch führen, dann *raadschn* sie. Erzählen sie zu viel, kann *raadschn* auch als Synonym für ausplaudern stehen.

⌐ (RAMA)SURI

Über das bayerische Trinkvermögen sagt man: Es trinkt der Mensch, es säuft das Pferd – in Bayern ist es umgekehrt. Wo's Prozente gibt, ist der Bayer nicht weit. Er trinkt sich gerne einen *(Rama)Suri* (= Rausch) an, denn seine Einstellung lautet: „Wer das Bier nicht ehrt, ist des Deliriums nicht wert". Das Wort geht vermutlich auf das italienische Verb „ammassare" zurück, was (hier: Alkohol) „anhäufen" bedeutet.

⌐ SCHÄBBS

Wenn beim Skispringen die Sportler wegen des Windes schief liegen – dann sind sie *schäbbs* (= schief). Ob schiefer Haussegen oder schiefe Zähne – der Bayer findet *schäbbs*, was nicht 90 oder 180 Grad hat.

⌐ SCHIACH

Aschenputtel, Froschkönig oder die Schöne und das Biest – allesamt haben es zum Thema: das *Schiache* (= das Hässliche). *Schiach* stammt vom mittelhochdeutschen Wort „schiech" für „abschreckend" ab und heißt bei den Bayern hässlich.

SCHOAS

Wer Wind bläht, wird Stunk ernten. Luft machen sollte man sich in Gesellschaft daher lieber mit Worten als mit Körperwinden. Von einem *Schoas* (= Furz; abgeleitet vom Schoß) in einer Menschenansammlung haben andere nämlich die Nase gestrichen voll. Im Notfall sollte man diese „eintönige Unterhaltung" besser mit sich selbst führen.

SEAWUS

Die Bayern schlagen gerne zwei Fliegen mit einer Klappe. Two in one steckt auch im Wort „*Seawus*": Freunde und gute Bekannte können hiermit sowohl begrüßt als auch verabschiedet werden. Dieser universal einsetzbare Gruß stammt vom lateinischen „servus" ab und heißt so viel wie „zu Diensten".

SOACHA

Wer kein feiner Pinkel ist und in Bayern frei von der Leber über seine Blase spricht, verwendet gerne mal das vulgäre Wort „*soacha*". Es bedeutet „urinieren" und geht auf das mittelhochdeutsche Wort „seich" (= Harn) zurück.

SPEZI, SPEZL

Ein Sprichwort besagt: Freundschaft ist nicht nur ein köstliches Geschenk, sondern auch eine dauernde Aufgabe. Auf den bayerischen *Spezi* (= Freund) umgemünzt, müsste es aber

wohl eher heißen: Ein *Spezi* ist nicht nur ein köstliches Getränk, sondern eine dauernde Aufgabe.

TSCHIGG

Warnhinweise auf Zigarettenschachteln wie „Rauchen kann Ihre *Tschigg* (= Zigarette) verkürzen!" oder: „Rauchen lässt Ihre Alte häuten" sollen notorische Qualmer zur Vernunft bringen. Doch Hustekuchen: Leidenschaftliche Raucher machen „Glimmzüge", bis Ihnen die Lunge zum Hals raushängt.

UAVIECH

Das *Uaviech* (= Original, Type) ist der Archetyp des Bayern. Es ist aber im Gegensatz zu den Dinosauriern bis heute erhalten und pflegt seine urwüchsige Art trotz zunehmender Einflüsse durch moderne Entwicklungen.

WADLBEISSA

Wadlbeissa dackeln häufig bayerischen Herrchen oder Frauchen hinterher. Sie sind klein und – wenn sie ihrem Namen alle Ehre machen – hundsgemein: Denn neben wau-wau machen sie anderen manchmal auch au-au. Mangelndes Selbstbewusstsein aufgrund geringer Körpergröße überspielen Pinscher & Co. nämlich gerne mit übermäßig aggressivem Gebaren. Es soll diese *Wadlbeissa* durchaus auch unter Zweibeinern geben ...

ZAPFIG

Es heißt: Das Klima am Äquator ist ganzjährig gleichbleibend warm. Von wegen! In Bayern, das am sogenannten „*Weißwuaschd-äquator*" (= Donau) liegt, kann es regelrechte Temperaturstürze in den Minusbereich geben und richtig *zapfig* (= eiskalt) werden.

ZIMBBFDIG

Lustige bayerische Gesellen sind gerne mal *zimbbfdig*. So wie die Zunft die Handwerker verbindet, schweißen zünftige Anlässe wie beispielsweise ein Volksmusikabend oder ein Wirtshausbesuch die Bayern zusammen. Wenn etwas *zimbbfdig* ist, geht es gesellig zu und ist einfach so, wie es sein soll.

ZUAGROASDE

Zuagroasder (= Zugereister) mag nach Tourist klingen, ist aber keiner. Nur wer sich ohne Rückticket in das Alpenland begeben hat, wird als solcher bezeichnet. Besonders Nordlichter – ganz egal wie lange sie in Bayern schon verwurzelt sind – werden den Stempel *Zuagroasder* niemals los.

SPEIS UND TRANK

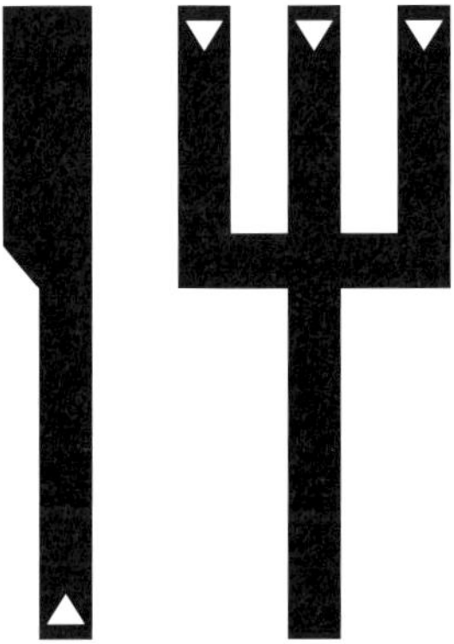

⬎ CRASHKURS

⬎ Wo gibt es hier ein nettes/bayerisches Lokal mit
einheimischer Küche?
Wo gibds dõ a nedde/boarische Wiadschäfd mid
am boarischn Essn?

⬎ Ich möchte/wir möchten eine Kleinigkeit essen.
I mächd/mia mächdn brodzeidln/ Brodzeid
mãcha.

⬎ Einen Tisch für 2/4 Personen bitte!
An Disch fia zwoa/vier Leid, biddschee!

⬎ Was essen die Gäste am Nachbartisch?
Wõs essn de Leid am Nãchbadisch?

⬎ Was empfehlen Sie mir?
Wõs hãmsn Guads?

⬎ Haben Sie mein Essen/mein Getränk
vergessen?
Hãms mei Essn/Dringga vagessn?

↘ Es tut mir leid, aber das Bier ist schlecht
  eingeschenkt.
  Des Bia is āwa schlechd eigschengd.

↘ Ist dieses Gericht (sehr) scharf/süß/fett?
  Is des Essn (arg) schārf/siass/fädd?

↘ Danke, es war sehr gut.
  Dānggschee, es war rechd guad.

↘ Wo sind die Toiletten bitte?
  Wo san de Glos, biddschee?

↘ Die Rechnung bitte!
  Zoin!

↘ Ich glaube, die Rechnung stimmt nicht.
  I glaab, de Rechnung schdimd so need.

↘ Der Rest ist für Sie!
  Schdimdaso!

ANDDN

Um es kurz zu sagen: Wenn die *Anddn* an Weihnachten oder anderen Feiertagen gut gelungen ist, heißt es am Ende des Tages: Ente gut – alles gut!

AN GUADN

Vor einem vollen Teller redet der Bayer nicht lang um den heißen Brei herum. Ein kurz und bündiges „*An Guadn*" reicht. Gemeint ist natürlich: Guten Appetit!

AUSZOGNE

Wussten Sie, dass in bayerischen Bäckereiauslagen ganz ungeniert eine süße *Auszogne* neben der anderen liegt, bevor sie vernascht wird? Was für die Amerikaner der Donut ist, ist für die Bayern die *Auszogne*. Das runde Schmalzgebäck aus Hefeteig wird als traditionelles *Schmanggal* (= Delikatesse, Spezialität) bei Kaffeekränzchen aufgetischt. Den neckischen Namen hat es übrigens der Machart zu verdanken: Es wird in der Mitte aus(einander)gezogen, bis eine Vertiefung entsteht.

BIAFUIZL

Unter jedes Bier passt ein Deckel – zu Bairisch: *Biafuizl*. Dieser Begriff hat sich gehalten, obwohl Filz-Bieruntersetzer zum Aufsaugen des überlaufenden Schaums mittlerweile eher eine Rarität sind. Heutzutage sind sie vorwiegend aus Pappe und dienen den Kellnern oftmals als Strichliste.

↘ BIASCHWEMM

In einer *Biaschwemm* trifft sich, wer der Meinung ist: Zwischen Leber und Milz passt immer noch ein Pils. Wer sich am Abend lieber Weißbier als Shakespeare reinzieht, kommt in den als Schwemme bezeichneten Sälen oder Kellergewölben von Brauereigaststätten auf seine Kosten.

↘ BIAZÄID

Wiesn-Wissen für alle Oktoberfestneulinge: Bierdurstige haben die Wahl zwischen 14 *Biazäida* (Festzelten): Festhalle Schottenhamel, Armbrustschützen-Festhalle, Hofbräu-Festzelt, Schützen-Festhalle, Spatenbräu-Festhalle (Ochsenbraterei), Löwenbräu-Festhalle, Käfer Wiesn-Schänke, Fischer-Vroni, Hippodrom, Winzerer Fähndl, Bräurosl, Augustiner-Festhalle, Weinzelt und Hackerfestzelt.

↘ BLAZL

An Weihnachten heißt es in Bayern: Auf die *Blazl*, fertig, los. Nachdem die Öfen schon Wochen vorher heiß gelaufen sind, um Kekse aller Variationen wie Zimtsterne, Kokosmakronen oder Vanillekipferl zu backen, dürfen diese am Heiligen Abend endlich verspeist werden.

↘ BOAZN

Nach einer *Boazn* kann man im Reiseführer lange suchen. Denn diese kleinen Bierkneipen, deren mit vergilbten Vorhän-

gen und leeren Flaschen verzierten Schaufenster wenig einladend sind, leben von bierdurstigen Stammgästen, die sich
durch großporige Säufernasen und gelbe Raucherfinger aus-
zeichnen. Kurzum: Eine *Boazn* ist höchstens eine halbe Kate-
gorie vom Stehausschank entfernt. Der Begriff kommt aus dem
Rotwelschen, ist vom hebräischen „bajis" hergeleitet und bedeutet schlichtweg „Haus".

BRÄSL

Beim Verzehr von trockenem Gebäck können einem die *Bräsl*
ganz schön auf den Keks gehen. Meistens dient der Schoß als
Auffangbecken für die herunterfallenden Krümel. Wenn Bayern einen Unfall haben, verwenden sie das Wort auch gerne
mal in einem anderen Kontext und sagen: Mich hat's ganz
schön *dabräselt* – was so viel heißt wie: Mich hat es in alle
Einzelteile zerlegt.

FLEISCHPFLANZL

An alle Vegetarier: Die Annahme, dass es sich bei *Fleischpflanzl*
um ein Fleischimitat auf pflanzlicher Basis à la Sojafleisch
handelt, müssen wir im Keim ersticken. Von Photosynthese
keine Spur, handelt es sich hier um deftige Frikadellen. Die Bezeichnung entwickelte sich ursprünglich aus dem Wort
„*Pfanzl*" und verweist auf die Zubereitung in der Pfanne.

GAGGAL

Immer wieder wird sie gestellt: Die Frage nach dem *Giggal* und dem *Gaggal* – was war zuerst da? Die Rede ist von der Henne und dem Ei. Philosophiert der Bayer darüber, benutzt er diese niedlichen Kosenamen.

GMIAS

Der Kohl-dampf auf *Gmias* fällt beim Bayern eher bescheiden aus. Gemüse landet bei ihm für gewöhnlich nur als Beilage auf dem Teller. Selbst beim Salat greift er lieber zu Wurst- oder Fleischsalat.

GNEDL

Eines ist klar wie Kloßbrühe: Nur Gerichte mit *Gnedl* machen Speisekarten bayerischer Gaststätten rund. Der Knödel – abgeleitet von dem mittelhochdeutschen Wort „Knode" für Knoten – ist ein kugelrunder Kloß, der bei den Bayern „die" traditionelle Fleischbeilage schlechthin ist. Der Gast hat die Qual der Wahl zwischen Semmel- oder Kartoffelknödel.

GOASSNMÄSS

Dies ist kein Liter frischer Ziegenmilch, sondern ein Getränk, das gerne von Milchbubis konsumiert wird. Die jungen Teenager brauen sich den bayerischen Alkopop aus Weißbier, Cola und Kirschlikör, der geschmacklich an eine Cherry Coke erinnert, selbst zusammen.

DA BAIA SŌGD – DER BAYER MEINT

Ealaubn's?	Dürfen wir uns zu Ihnen setzen?
Herr Owa/Freilein, biddschee!	Wir möchten gerne etwas bestellen!
Wōs gibd's heid bsundas?	Was gibt es heute an Tagesgerichten?
De Sāchan essn dō de Einheimischen.	Das sind hier die typischen regionalen Gerichte.
Deaf i a Bries nema?	Darf ich hier eine Brise Schnupftabak zu mir nehmen?
Wōs is des? Des hōb i need bschdäid!	Das habe ich nicht bestellt!
I mächd biddschee Gnedl anschdōd Pomfrids.	Ich hätte lieber Knödel statt Pommes frites.

GRÄCHAL

Wollen Sie es in Bayern so richtig krachen lassen? Dann bitte kein *Grāchal* bestellen, denn das knallt bestimmt nicht rein. Dahinter verbirgt sich nämlich nichts Hochprozentiges, sondern lediglich Limonade. Getauft wurde sie so, weil die Kohlensäure beim Öffnen der Flasche ein Krachen verursacht.

GSCHMAGGIGE

Um es mal umgangssprachlich salopp zu sagen: Fast Food findet der *Gschmaggige* rein gar nicht Witzigmann! Nur bei Hummer, Kaviar und Austern brennt sein Feinschmeckerherz Lichterloh. Sieht er Sternchen, geht's seinem feinen Gaumen prächtig.

GSCHWOLLNE

Eine *Gschwollne*, wie die Wollwurst auch genannt wird, ist die freizügige Variante der Weißwurst: Sie sieht aus wie die Traditionswurst in nackt. Anders als die Weißwurst wird die Wollwurst nicht in Därme gefüllt, enthält keine Petersilie und weniger Schwarten. Mit einer Tülle wird sie in kochendes Wasser gespritzt und gegart, ihre wolleähnliche Oberflächenstruktur erhält sie durch das anschließende Abschrecken. In Milch getaucht und angebraten, schwillt die Wurst an und wird goldgelb mit Kartoffelsalat verspeist.

GSUFFA

Ein Wort, das in Bayern durch ein beliebtes Stimmungs- und Trinklied bekannt geworden ist. Jahr für Jahr grölen Massen mit Bierkrügen: In München steht ein Hofbräuhaus – *oans, zwoa – gsuffa* (= getrunken)! Ein Berliner Komponist und Musikverleger namens Wilhelm „Wiga" Gabriel entwickelte die Melodie zu einem Text seines bayerischen Freundes Klaus Siegfried Richter. Nachdem es im Jahre 1936 zum Karnevalsschlager wurde, bahnte es sich den Weg ins Hofbräuhaus und auf das Oktoberfest und ist seitdem von dort nicht mehr wegzudenken.

GUADL

A Guadl findet man im (Kalorien-)Reich für Kinder – der Süßwarenabteilung. Was die Franzosen zweifach gut finden – nämlich Bonbons – finden auch die Bayern einfach gut (= *guad*) und nennen daher jegliche süße Drops *Guadln*.

HAXN

Traumbeine für hungrige Männer, die es gerne schweinisch mögen. Zwar steht es Frauen im Gasthaus auch frei, ein Bein vom Schwein zu bestellen – wegen der Menge und der damit verbundenen „Knochenarbeit" ist dies allerdings eher eine Seltenheit.

HIASCH

Man kann in Bayern einen *Hiasch* erlegen und einem *Hiasch* erliegen. Eins ist klar: Es ist in beiden Fällen WILD. Die Bayern bezeichnen so nämlich sowohl den Hirschen als auch das 200-Liter-Bierfass für den ganz großen Durst.

HUBFADS WĀSSA, SCHBRINGAL

Stille Wasser sind tief, spritzige Wasser sind *hubfad*. So zumindest bei den Bayern. Die Kohlensäure scheint bei der Namensgebung wohl der springende Punkt gewesen zu sein. Wahlweise verwenden die Bayern für Mineralwasser mit Gas deshalb auch die Bezeichnung *Schbringal*.

KASDRIRDA KAFFÄ

Kasdrirdn Kaffä als Muntermacher zu trinken, ist nicht fruchtbar. Denn da fehlt das anregend wirkende Koffein im Kaffee. Angeblich soll ihn Axel Schulz gerne trinken, weil er „nicht so reinhaut".

LEWAKAAS

Wenn am *Lewakaas* was Käse ist, dann der Name. Denn der Leberkäse besteht weder aus Leber noch aus Käse. Die Bezeichnung nämlich stammt vom Laib ab, da er vom Erfinder erstmalig in einer Brotform gebacken wurde. Und *Kaas* nennt der Bayer auch feste Fleischmassen.

⌐ MĀSSGRUAG

Wiesnbedienungen zeigen, was Frauenpower ist: Sie entpuppen sich alljährlich als wahre „Muskeltiere" und tragen 10 *Māssgrüag* oder mehr auf einmal. Der Masskrug aus Ton oder Glas im größenwahnsinnigen Literformat ist das bayerische Souvenir schlechthin und deswegen ein beliebtes Diebesgut.

> Ein Bayer kommt in eine Metzgerei und sagt: „I häd gean 200 Gramm Schdreichwuaschd, āwa von dera Fäddn, Grobn, biddschee!" Darauf der Metzger: „Des gäd heid need, de is in da Berufsschui."

⌐ MEZGA

Hier kehrt man ein bei Lust auf Frischfleisch. Ob saftige Pute oder knackige Sau – in bayerischen Metzgereien werden alle Fleischeslüste befriedigt.

⌐ MOIZEID

Wer sich ab zwölf Uhr in Bayern umhört, könnte annehmen, die Freistaatler denken nur an das Eine – ans Mampfen. Ein „Hallo", „Servus" oder „Griasgood" ist um die Mittagszeit passé. Allerorts wird nur noch hungrig mit „*Moizeid*" gegrüßt – zu Hochdeutsch: „Mahlzeit".

⤵ NOAGAL

Wer auf dem Oktoberfest oder in Biergärten den Rachen partout nicht vollkriegt, sucht schon mal herrenlos herumstehen-

---

REZEPT: OBAZDA

Zutaten für 4 Personen:

500 g reifer Camembert

40 g weiche Butter

200 g Frischkäse (Rahmstufe)

80 g fein gehackte Zwiebel

1 Teelöffel Kümmel

7 EL Bier (Lager/Helles)

Paprikapulver edelsüß

Salz und Pfeffer

60 g fein geschnittene Zwiebelringe zum Garnieren

2 EL Schnittlauchröllchen zum Garnieren

Den Camembert mit der Gabel zerdrücken und anschließend unter die Butter, den Frischkäse und die gewürfelten Zwiebel mengen. Nach Geschmack mit Salz, Pfeffer, Paprika und Kümmel würzen. Dann das Bier nach und nach unterrühren. Mit Zwiebelringen und Schnittlauchröllchen garnieren.

Tipp: Mit Brezn und einem kühlen Bier genießen!

de Bierkrüge, um aus ihnen das letzte Biertröpfchen rauszuho-
len. Dieser schale Bierrest wird in Bayern „*Noagal*" genannt
und ist eine Ableitung des Wortes „Neige".

OBAZDA

Wem's nicht stinkt, der muss in Bayern unbedingt den Brotzeit-
klassiker *Obazdn* – eine kräftig-aromatische Käsecreme –
schnabulieren. Die Zutaten (siehe Rezept) werden zu einem
Batz (= Brei) zerdrückt, woher auch der Name „Angebatzter"
stammt. Ursprünglich aus alten Käseresten entwickelt, wurde

OZAPFT IS! Bier mit Hopfen braucht keinen Pfropfen – darüber ist
man sich am vorletzten Septembersamstag beim Wiesnauftakt allseits einig. Punkt 12 Uhr sticht der Münchener Oberbürgermeister
im Schottenhamel-Bierzelt das erste Fass an und erklärt das Oktoberfest mit dem Ausruf „*Ozapft is!*" (= Es ist angezapft!) für eröffnet. Danach heißt es auch in den anderen Zelten: Hopfen und Malz,
ab in den Hals. Die Münchener Oberbürgermeister sind von unter-
schiedlichem Schlag: Während Christian Ude schon mehrfach nur
zweimal auf den Zapfhahn klopfen musste, holte der als „Wimmer
Dammerl" bezeichnete Oberbürgermeister Thomas Wimmer 1950
ganze 19 Mal mit dem Hammer aus. Auf ihn geht übrigens auch der
legendäre Eröffnungsspruch zurück.

er in den Zwanzigerjahren salonfähig gemacht, als ihn die Wirtin Katharina Eisenreich ihren Gästen im Weihenstephaner Bräustüberl in Freising servierte.

OXNAUGN

Wer im Freistaat *Oxnaugn* bestellt, braucht sich nicht vorzukommen wie ein vermeintlicher „Held" der TV-Serie „Dschungelcamp": Denn serviert bekommt er lediglich stinknormale Spiegeleier.

RADLA

Es mag paradox klingen, aber wer im Biergarten oder in einer Gaststätte *a Radla* trinkt, verhindert, gerädert zu sein. Denn das Gemisch aus Limo und Bier haut, in „Maßen" genossen, weitaus weniger rein als pures Bier. Seinen Namen verdankt es der Hauptzielgruppe, den Radlfahrern, die gerne zu diesem durstlöschenden Biermixgetränk greifen, um ihre Tour auch nach der Rast unbeschadet fortführen zu können.

ROANUDL

Wer bei *Roanudln* bayerische Pasta erwartet, hat sich getäuscht. Mit schlanken Spaghetti haben die rein gar nichts gemein. Das süße Hefegebäck kommt aus dem „Rohr", d.h. dem Ofen, ist förmlich an die bayerische Küche angepasst und gleicht dicken Knödeln. Wer will, kann sich im wahrsten Sinne

des Wortes die Rosinen herauspicken. Es gibt diese *Nudln* aber auch mit Zwetschgen gefüllt.

RÜSCHAL

Auch wenn *Rüschal* nach schrecklich bravem Stoff klingt – die bayerische Version hat's in sich: Es ist eine Mischung aus Cola und Weinbrand oder Rum, mit der man sich ordentlich einen hinter die Binde kippen kann.

RUSS

Wenn es in bayerischen Biergärten heißt: „*Da Russ kimmt!*", müssen Sie keine Angst vor einer Invasion haben. Es wird lediglich ein Mischgetränk aus Zitronenlimonade und Weißbier aufgefahren. Angeblich wurde dieses „Leichtbier" erstmalig nach dem Ersten Weltkrieg auf einer Tagung kommunistischer Revolutionäre im Münchener Mathäser-Keller ausgeschenkt, weil es an Bier mangelte und dieses deshalb gestreckt werden musste.

SCHEAZL

Für die einen ist ein *Scheazl* ein Witz, für die anderen sind die beiden vorwiegend aus Rinde bestehenden Brotenden die besten Stücke am ganzen Laib. Doch nicht nur die Bayern haben sich für den Brotrest einen „lustigen" Namen ausgedacht: In Sachsen nennt man ihn scherzhaft „Ärschl", in Wien „Buckel" und in Zürich „Zipfeli".

SCHLÄGGSÄCHAN

Schläggsächan gehören zur Schokoladenseite des Lebens. Sind Süßwaren an sich doch eine pfundige Sache, die sich die meisten gerne auf der Zunge zergehen lassen und die ihnen höchstens auf der Waage nicht schmecken.

SCHMARRN

Nicht bei allen, die am Ofen *Schmarrn* machen, kommt Quatsch mit Soße raus: Denn neben der Bezeichnung von „*Schmarrn*" für Unfug gibt es auch süße Mehlspeisen, die so heißen. Am bekanntesten ist wohl der *Kaiserschmarrn* – ein zerstückelter luftiger Pfannkuchen, der mit Puderzucker serviert wird.

SCHOPPN

Wein wird in Bayern nicht mit demselben MASS gemessen wie Bier: Mögen die Süddeutschen bei den Litermasskrügen für Bier etwas überdimensioniert sein, bleiben sie beim Wein durchaus maßvoll und schenken ihn in harmlosen *Schoppn* – das heißt Viertelliter-Karaffen oder -Gläsern – aus.

SCHWAMMAL

Ab Spätsommer schießen die *Schwammal* im wahrsten Sinne des Wortes wie Pilze aus dem Boden. Ob Pfifferlinge, Steinpilze, Maronen oder Champignons – der Bayer fasst alle Pilze wegen deren schwammartiger Köpfe unter dem Überbegriff *Schwammal* zusammen.

SEMMI

Wie sollte es auch anders sein: Die *Semmi* geht in bayerischen Bäckereien weg wie warme Semmeln. Sternsemmel, Kaisersemmel, Fünf-Kornsemmel, Rosinensemmel, Laugensemmel sind „die" Sandwichgrundlage schlechthin für jeden erdenklichen Belag: *Lewakaas*, *Fleischpflanzl*, *Wuaschd*, …

WEISSWUASCHD: Die *Weißwuaschd* gehört zu den Bayern wie die Klopse zu den Königsbergern, die Rostbratwürste zu den Nürnbergern oder das Geschnetzelte zu den Zürichern. Ihre Geschichte zeigt: Not macht erfinderisch. Am Faschingsdienstag 1857 fehlten dem genialen Erfinder, einem Münchener Metzger namens Sepp Moser, ein paar gewohnte Zutaten, und er mischte deshalb zusammen, was er parat hatte: Kalbsbrät, grünen Speck, Kalbskopfhaut, Salz, weißen Pfeffer, geriebene Zitronenschalen und frische Petersilie. Tätärätä – es war vollbracht: Die *Weißwuaschd* war geboren! Verpackt in einen Schweinsdarm, wurde sie in der Gastwirtschaft „Zum ewigen Licht", dem heutigen „Peterhof" am Marienplatz, erstmalig aufgetischt und eroberte die Herzen und Mägen der Bayern. Wichtige Insiderinfo: Die *Weißwuaschd* wird nicht gekocht, sondern nur erhitzt, vor zwölf Uhr mittags genossen und mit süßem Senf und Brezn verzehrt.

WAMMAL

Wenn es bei den Bayern heißt „Ran an den Speck!", muss das nichts mit einer Diät zu tun haben. Im Gegenteil: Es könnte auch vom *Wammal* die Rede sein. Die Freistaatler pfeifen sich nämlich gerne mal den Bauchspeck vom Schwein rein. Wer übermäßig viel davon verzehrt, bekommt sein Fett ab, indem er ein kugelrundes Wamperl ansetzt.

WIADD

Auch im bairischen Volksmund heißt es: Wer nix wiad wiad *Wiadd* – zu hochdeutsch: Wer nichts wird, wird Wirt. Wer den Satz in einer Gaststätte vom Stapel lässt, hat die Rechnung wohl ohne den Wirt gemacht.

ZUZLN: Wieso das bayerische Nationalgericht Weißwurst mit Messer und Gabel bearbeiten, wenn man ein Mundwerkzeug hat? So denken zumindest Traditionalisten und *zuzln* (= saugen) das Fleischbrät einfach aus einem Ende der Wurstpelle aus Schweinsdarm. Knigge hin, Knigge her – für diese Manieren müssen sie sich nicht genieren. Auch wenn es für Touristen komisch anmuten mag, gehört das *Zuzln* zur höchsten Kunst des Weißwurstverzehrs. Diese sau(g)-starke Methode will gelernt sein. Wer es nicht draufhat, kann nur „aufschneiden" oder „abziehen".

ZWIEFE

Sie hat sieben Häute und beißt alle Leute: *Da (!) Zwiefe*
(= Zwiebel) ist nach Liebeskummer der häufigste Grund für
Tränenausbrüche, aber wegen des einzigartigen Geschmackes
absolut kein Grund zum Traurigsein.

LIEBESGEFLÜSTER

↳ CRASHKURS

↳ Darf ich Sie/dich ein Stück begleiten?
Deaf i Eana/di a Schdiggl begleiddn?

↳ Komm, lass dich mal umarmen.
Gä weida, lass di amoi hoisn.

↳ Ich würde dich gerne küssen.
I daad da gean a Bussl gem.

↳ Möchtest du noch mit zu mir kommen?
Mõgsd need no mid zu mia kemma?

↳ Wann treffen wir uns wieder?
Wānn dreffma uns wieda?

↳ Melde dich doch mal!
Ria di hoid amoi!

↳ Sind wir zusammen?
Samma zam?

➥ Immer wenn ich Anton sehe, werde ich ganz spitz.
Imma wenn i an Doni sieg, wea i ganz gamsig.

➥ Ihn mag ich besonders gerne.
Eam hōb i bsundas gean.

➥ Ich hab dich sehr gerne!
I hōb di narrisch gean!

➥ Das ist mein (Ehe-)Mann.
Dea dō is mei Moo.

➥ Sag mal, liebst du mich noch?
Sōg amoi, liabsd mi no?

➥ Hasl du schon gchört, dass Ludwig eine neue
Freundin hat?
Hōsdas ghead, da Lugä hōd a neis Gschbusi?

➥ Er hat sie nur wegen des Geldes geheiratet.
Dea hōds bloos zwengs am Gäid gheirad.

DA BAIA SŌGD – DER BAYER MEINT

Bairisch	Hochdeutsch
Woima heid/morgn midnand auf d'Schdanz gee?	Wollen wir heute/morgen zusammen ausgehen?
Mōgsd mei Gschbusi wean?	Willst du mit mir gehen?
I bin da guad!	Ich hab dich gern!
Gema zu mia oder gema zu dia?	Wo werden wir gleich Sex haben?
Da Girgl is ma am Ōrsch hindd liawa wia da Luggä im Gsichd.	Ich mag Georg viel lieber als Ludwig.
Dea hōd vui z'vui Gfui.	Er ist viel zu sensibel.
Oide Liab rost' need, āwa de liabe Oide scho.	Alte Liebe rostet nicht, aber die liebe Ehefrau schon.

⌐ BRÄSA

Ist Verhütung reine Frauensache? PILLEpalle – ein *Bräsa* (= Präservativ) tut's doch auch! Sind sich Geschlechtspartner über das Verhütungsthema uneins, begeben sie sich in der Diskussion darum oftmals in eine EndlosSPIRALE.

⌐ BUSSL

Was wäre die Bussi-Bussi-Gesellschaft ohne das *Bussl*? Gehört der exzentrisch angedeutete Wangenkuss doch zur Schickeriaszene wie extravagante Kleidung, delikate Häppchen und edler Champagner. Das *Bussl* ist in der Regel also kein innig erotischer, sondern eher ein flüchtiger Kuss.

⌐ DREI

Alle guten Menschen sind *drei* (= treu). Ist es doch wie allerorts auch in Bayern eine der wichtigsten Tugenden, seinem Liebsten oder seiner Liebsten die Treue zu halten.

⌐ EHLEID

Ehleid (= Eheleute) zu sein, ist des einen Freud, des anderen Leid. Leider ist ja bekanntlich nicht jeder, der sich in den Bund der Ehe getraut hat, auf ewig glücklich mit der Ent-Scheidung.

⌐ FREIND, FREINDIN

„Gute Freunde (= *Freind*) kann niemand trennen", sang die Fußballlegende Kaiser Franz Beckenbauer im Jahre 1966. Der

gebürtige Münchener hatte recht: Auf Bairisch geht's wirklich nicht, auf Hochdeutsch leider doch: *Freun – de*. In Bayern wird die Bezeichnung *Freindin* oder *Freind* auch von denjenigen verwendet, die keine Freunde der Ehe sind, aber einen sogenannten Lebensabschnittspartner haben.

FUASSLN

Wenn der Bayer sich von Fuß bis Kopf nach seiner Liebsten verzeh(r)t, macht er sich gerne mal unterm Tisch mit sanftem bis heftigem Fußpetting an sie ran. Erwischt er beim *Fuassln* nicht aus Versehen den Fuß der Oma, die ihm vor versammelter Gesellschaft lautstark Beine macht, läuft dieser Zärtlichkeitsaustausch meist undercover ab.

GAMSIG

Gamsige Bayern sind spitz wie Nachbars Lumpi und hinter allem her, was nicht bei drei auf dem Baum ist. Soll heißen: Das Lustobjekt ihrer Begierde kann durchaus variieren, bis sie endlich zum Zuge kommen. Springt gar keine/r an, wird die Sexlust zum Frust.

GSCHBUSI

Das ist Amore auf Bairisch. Das Wort *Gschbusi* stammt nämlich ursprünglich vom italienischen *sposi* ab, was so viel bedeutet wie „Eheleute" oder „Hochzeitspaar". Allerdings wird es

in weißblauen Breitengraden auch für Liebschaften vor der Hochzeit oder Verhältnisse außerhalb der Ehe verwendet.

HEAZBUMBBAN

Anamnese: *Heazbumbban* (= Herzklopfen) mit 180 Schlägen pro Minute. Diagnose: Patient leidet nicht unter Bluthochdruck, sondern ist schwer verliebt. Heilungschancen: Die Schmetterlinge im Bauch wird er überleben, wenn der/die Angebetete die Gefühle teilt. Therapie: Viel Liebe, Sex und Zärtlichkeit.

Frisch verheiratet und schwer verliebt sitzen die Hanni und der Josef in ihrem neuen Heim am Kachelofen. „Mei, schdäi da voa", flüstert sie ihm glückselig ins Ohr, „nimma läng, nächad samma z'dritt!" – „I glaab's ja need!" freut sich der Josef und macht einen Luftsprung. „Wänn is' denn so weit?" „Moang fria um zehne", druckst sie kleinlaut heraus, „kimmt mei Mamma am Bänhof o!"

HOISN

Wer annimmt, *hoisn* heiße, jemandem an den Kragen zu gehen, täuscht sich. Der Begriff beschreibt etwas viel Zärtlicheres: Wer bis zum Hals verliebt ist, könnte die ganze Welt und natürlich seine/n Allerliebste/n *hoisn* (= umarmen).

HOUZAD

Wer sich in Bayern denkt „Bessa zwoa Ring undda de Aungn ois oan Ring am Finga" wird sie nie erleben – die *Houzad* (= Hochzeit). Der Bund der Ehe ist nichts für Leute, die in diesem Punkt mit sich selbst ringen, sondern nur was für klare „Ja"-Sager, die sich (was) trauen.

JUNGFA

Es muss nicht sein, dass *a Jungfa* (= Jungfrau) im Bett von Tuten und Blasen keine Ahnung hat, aber zumindest hatte sie noch nie Geschlechtsverkehr.

KAMMAFENSDALN

Wer nicht genau weiß, ob die Angebetete ebenso leidenschaftliche Gefühle hegt, sollte sich beim altbayerischen Brauch *Kammafensdaln* nicht zu weit aus beziehungsweise ins Fenster lehnen. Denn es bedeutet, des Nächtens ins Schlafgemach seiner Liebsten einzudringen, indem man über eine *Loadda* (= Leiter) in ihr Zimmerfenster einsteigt, um dann die Wonnen der Liebe mit ihr zu genießen.

LIAB

Wer von Amors Munition pfeilgrad im Herz getroffen wird, lernt sie kennen: die *Liab*. Von ihm angeschossen zu werden, kann sehr wehtun, aber auch ganz wunderbar sein, wenn die Liebe erwidert wird.

⤵ LIABHAWA, LIABHAWARIN

Kommt der Ehepartner früher als erwartet von der Arbeit nach Hause, ziehen sich Fremdgänger nicht selten aus der Affäre, indem sie ihren *Liabhawa* (= Liebhaber) blitzartig in den Kleiderschrank hüpfen lassen. Mit Seitensprüngen haben sie schließlich Erfahrung.

⤵ MAUSN

Wenn der Bayer maust, landet er in der Falle. Köder ist in diesem Falle aber kein stinkiger Käse, sondern ein wohlriechender Geschlechtspartner. Hat man Sex mit einer süßen Maus oder einem süßen Mäuserich, sagt man dazu im Scherz: *mausn.*

⤵ MOILA

Moila sind Frauen, die sich von ihren Geschlechtsgenossinnen ledig(lich) darin unterscheiden, dass sie keinen Partner haben. Wer in Bayern also auf Brautschau geht, sollte sich an diese halten

⤵ NUDDN

A Nuddn (= Nutte) zu besuchen, kann ein teurer Spaß sein. Denn werden die käuflichen Liebesdienste zu oft in Anspruch genommen, verpufft unterm Strich auch eine Stange Geld.

OASCHICHDIGE

Bei der *Oaschichdign* (= Einschichtigen) ist liebestechnisch zumindest vorübergehend Schicht im Schacht. Kurzum: Sie ist Single.

OIDA, OIDE

Egal, ob man ein frischgebackenes Ehepaar ist oder kurz vor der goldenen Hochzeit steht – die Bayern nennen ihre Ehepartner gerne *Oide* (= Ehefrau) oder *Oida* (= Ehemann). Eine

OBANDLN: Stelldichein – Wenn in Bayern jemand mit dir *obandlt* (= anbandelt), ist er ganz klar auf ein Rendezvous aus. Beim Anbandeln ist er/sie ganz und gar nicht kurz angebunden, sondern flirtet am laufenden Band auf spielerische Art und Weise. Die Palette an Flirtsprüchen ist breit: Von plump (*Wuist mei Briafmärggnsammlung seng?*), dämlich (*Mei Liab zu dia is wia a Duachfoi, i konn's einfach need zrugghoiddn.*), witzig (*Du warst a bäs Madl. Geh auf mei Zimma!*), trickreich (*I wett 100 Eiro, dass du di need in 30 Sekundn ausziang konnst.*) bis gnadenlos romantisch (*Du kimmst ma sehr bekannt voa. Kannt's sei, dass du des Madl aus meim Dram bist?*). Angeblich kommt das „Anbandeln" ursprünglich von einem alten Silvesterbrauch, bei dem Madchen und Jungen sich gegenseitig Bänder und Fäden aus Kleidungsstücken zogen, um sich aneinanderzubinden.

Bezeichnung, an die sich angeheiratete *Breissn* im zarten Alter erst mal gewöhnen müssen.

SCHNAXLN

Für das von den Bayern meist humorig verwendete Wort *schnaxln* gibt es ausgesprochen viele Synonyme. Damit jetzt keiner rot werden muss, hier ein paar harmlosere Bezeichnungen: Liebe machen, miteinander schlafen, Sex haben, vögeln, poppen ...

SCHWĀNGA

Liebespartner, bei denen in der Beziehung alles rund läuft, gehen nicht selten mit dem Gedanken schwanger, *schwānga* zu werden. Sie entscheiden sich dann, zusammen quasi durch dünn und dick zu gehen.

VAHEIRAD

Wie sagt man so schön: Wer *vaheirad* (– verheiratet) ist, ist unter der Haube. Manch einer findet sich aber auch unter dem Pantoffel wieder.

VOASCHBUI

Für Männer, die über einen längeren Zeitraum auf das *Voaschbui* (= Vorspiel) verzichten, kann das ein Nachspiel haben: Denn ist die Frau im Bett unbefriedigt, wird sie sich früher

oder später verweigern oder den Orgasmus nur *voaschbuin* (= vorspielen).

Nachdem der Sepp seine junge Braut über die Schwelle getragen hat, bleibt er im Hausflur stehen und zeigt auf einen Schrank: „Dõ findst as Schuabuzzzeig, des khert ab sofort dia. Und mit dem werst arwan vo in da Fria bis schbaad – ob i dõ bin oda need!" Daraufhin geht's in die Küche, wo ihr eine nagelneue Einbauküche entgegenblitzt: „Und dõ herin werst arwan, vo in da Fria bis schbaad – ob i dõ bin oda need!" Gleich daneben ist das Schlafzimmer mit wunderschönem Himmelbett und Spitzenbaldachin. Da schaut die Braut ihrem Bräutigam tief in die Augen und ruft: „Und dõ herin werd i arwan, vo in da Fria bis schbaad – ob du dõ bist oda need!"

ZUADRINGAD

Frauen, die von *zuadringadn* (= zudringlichen) Männern belagert werden, haben oft nur eine Chance: Da solche Typen noch nichts von vornehmer Zurückhaltung gehört haben und einem unangenehm nah und penetrant auf die Pelle rücken, sollte man sie mit einem resoluten *Schleich di!* in die Flucht schlagen.

DONNERWETTER

↘ CRASHKURS

↘ Du bist ja wohl nicht ganz bei Trost!
I glaab, du bisd deppad!?

↘ Du wirst gleich etwas zu hören bekommen!
Jedz weads nāchad glei a Donnaweda gem!

↘ Die Frau Hinterhuber ist wirklich eine Zicke!
Des wead a so a oide Zifan sei, de Hinddahuawarin!

↘ Mach mich nicht wütend!
Māch mi need zinddig!

↘ Hau ab, bevor ich dir eine runterhaue!
Zubbfdi bevoa i da oane schmia!

↘ Wenn du jetzt nicht ruhig bist, setzt es eine
Tracht Prügel!
Wennsd jedz koa Rua gibsd, zwiefededi sauwa hea!

↘ Ist das ein Trottel, was stellt er denn wieder an?
Is des a Gläzn, wōs duada denn wieda?

◥ Das ist aber ein kleiner Hitzkopf.
   Des wead a so a Binggal (= Beule, Pickel) sei!

◥ Du bist wirklich ein Idiot!
   Du bisd fei a rächda Depp!

◥ Komm, schmoll doch nicht!
   Gä, mäch doch koa Bebbal!

◥ Er hat bei mir ausgeschissen!
   Dea höd ma's Graud ausgschitt!
   (= Er hat mir das Kraut ausgeschüttet.)

◥ Warum bist du denn heute so sauer?
   Wös bisdn heid so ozibbfd?

◥ Das wird schon so ein ungezogener Kerl sein!
   Des wead a so a Leffe (= Löffel) sei!

◥ Ich könnte dich umbringen!
   I kunnddi darenna!

ABBRUIAFF

„April, April, der weiß nicht, was er will". Das ist eins zu eins auf die nervigen Launen eines so beschimpften *Abbruiaff* (= Aprilaffen) übertragbar: Seine Hochs und Tiefs sind unberechenbar und können von keinem Wetterfrosch vorhergesagt werden. Ist er gerade noch ein strahlender Sonnenschein, folgt plötzlich ein heftiges Donnerwetter, kurz darauf abgelöst von heiter bis wolkiger Stimmung.

BIADIMBBFE

Ein *Biadimbbfe* schießt sich gerne mal ins Bierwana. Vor seinem Bier sitzend, denkt sich so ein Henkelritter: Ohne dich kann ich nicht heben! Der als *Biadimbbfe* (= Bierdümpfel) bezeichnete Säufer trinkt wie ein Fass ohne Boden und muss damit rechnen, früher oder später an Leberzirrhose zu erkranken. Keine rosigen Aussichten!

BIADRĀCHA

Sucht der Bayer Zuflucht vor seinem Hausdrachen in der Kneipe, muss das nicht zwingend von Erfolg gekrönt sein. Denn serviert ein *Biadrācha*, ist er auch dort schnell bedient. Eine so bezeichnete meist ältere, übellaunige Kellnerin gibt ihm nämlich in jeder Hinsicht eins auf den Deckel.

BISSGURN, BISSGURKN

Eine *Bissgurn* oder *Bissgurkn* beißt sich nur allzu gerne an Zankäpfeln fest. Doch dieser Begriff für ein bissiges Weib hat ursprünglich weder mit Obst noch mit Gemüse zu tun. Er ist vom althochdeutschen Wort „Gurr" abgeleitet, womit früher schlechte Stuten bezeichnet wurden. Solche zänkischen Frauen können sich nicht zügeln und lassen der Streitlust ungezähmt ihren Lauf.

BLUNSN

Fettleibige Frauen in Bayern werden es dicke haben, immer wieder als *Blunsn* bezeichnet zu werden. Denn der Vergleich mit einer gleichnamigen ballonartigen Blutwurst ist nicht unbedingt schmeichelhaft.

BOIG

Ein *Boig* ist klein, aber ganz und gar nicht fein. Unerzogen aufgezogen, fällt so ein Balg durch aufmüpfiges Verhalten unangenehm auf.

BOINBRUADA

Eines ist klar: Der *Boinbruada* (*Boin* = Schiss, *Bruada* = Bruder) ist kein Verwandter von Mutter Courage. Denn so jemand strotzt nicht vor Mut, sondern ist stets auf der Hut. Nach dem Motto „Obacht geben – länger leben" scheut der Angsthase schon das kleinste Risiko.

DRAMBBE, DOUSCHN

Wer sich Holterdipolter wie ein Elefant im Porzellanladen benimmt, wird in Bayern als *Drambbe* (= Trampel) tituliert. Wahlweise werden ungeschickte Grobmotoriker auf zwei Beinen auch *Douschn* genannt.

DRIEDSCHLA

Der *Driedschla* soll hier nicht zur Schnecke gemacht werden, aber mal unter uns: Der Schnellste ist er nicht. Von Gorbatschows legendären Worten „Wer zu spät kommt, den bestraft das Leben" wohl gänzlich unbeeindruckt, lässt sich der Trödler durch nichts aus der Ruhe bringen und geht alles gaaaanz laaaangsaaaam an.

BAIRISCHE FLÜCHE: Eines ist fast so sicher wie das Amen in der Kirche: Wenn Bayern fluchen, dann nicht ohne religiöse Anspielung. Doch tiefgläubig und gottesfürchtig wie sie sind, wird auf Himmlisches nur ganz versteckt geschimpft. So kommt ein lautstarkes *Sabbradi* ursprünglich von „sakra" (= sakral, heilig) und ein *Gruzinesen* von Kruzifix. Auch im Fluch *Greizbianbam* (= Kreuzbirnbaum) ist ein Kreuz „versteckt", dem oft ein *und Hollaschdaun* (= und Holunderstaude) nachgestellt wird, um davon abzulenken. Und auch bei *Heaschafdzeiddn* (= Herrschaftszeiten) munkelt man, dass es eigentlich *Heagoodschafdzeiddn* heißen soll. Die vielen verschiedenen Flüche zeigen: Das Fluchen ist den Bayern (schein)heilig!

DUSCHN

Kommt es zu einem reinigenden Gewitter oder einem sauberen Disput, *duschn* aufbrausende Persönlichkeiten ihrem Gegenüber schon mal eine. Insbesondere Leute, die in Auseinandersetzungen mangels rhetorischer Fähigkeiten keine schlagenden Argumente finden, neigen dazu, anderen Ohrfeigen zu verpassen, die sich gewaschen haben.

GIFDDHĀFA

Wenn Sie auf eines Gift nehmen können, dann darauf, dass mit einem *Gifddhāfa* (= Gifttöpfchen) nicht zu spaßen ist. In so beschimpften aggressiven oder zornigen Menschen braut sich schnell etwas zusammen, und sie speien Gift und Galle. Pures Nervengift für Harmoniesüchtige!

GNIABIESLA

Will der Bayer jemandem verbal ans Bein pinkeln, schimpft er ihn einfach *Gniabiesla* (= Knieurinierer). Ein spöttischer Vergleich mit einem Kleinkind, das seine Körperfunktionen noch nicht unter Kontrolle hat.

GRANDDLN

In Bayern wird nach Lust und (schlechter) Laune *gegranddlt*. Ein echter *Granddler* hält mit seiner Schlechtwetterstimmung nicht hinterm Berg, sondern lässt seine Umwelt durch mufflige Kommentare oder plakative Schweigsamkeit ungefragt daran teilhaben. Aber Bayern, die bellen, beißen nicht. Hinter der grimmigen Fassade wohnt meist eine gute Seele.

⤷ GRAUDSCHEICHN

Eine als *Graudscheichn* (= Krautscheuche) beschimpfte Frau sieht aus wie Kraut und Rüben. Während sich andere nicht lumpen lassen und viel Geld für teure Kleidung ausgeben, gleicht so ein schlampiges Weib in alten Klamotten einer Vogelscheuche. Vorteil: Sie muss sich keine Sorgen um das Verblassen ihrer „Schönheit" machen – denn Unkraut vergeht nicht.

⤷ GRIAGLWÄSCHER

Vom amerikanischen Traum „vom Tellerwäscher zum Millionär" scheinen die Freistaatler wohl nichts zu halten. Denn das bayerische Pendant, der *Griaglwåscher* (= Krügewäscher), wird in weißblauen Gefilden als Synonym für einen Taugenichts verwendet, dem man keinerlei Aufstieg zutraut.

⤷ GSCHAFTLHUAWΛ

Der *Gschaftlhuawa* ist ein Hansdampf in allen Gassen. Er ist ein übermäßig geschäftiger Wichtigtuer, der alles gleichzeitig, aber nichts richtig macht und dabei stets maßlos übertreibt, um Anerkennung zu bekommen. Der Ausdruck setzt sich aus *Gschaftl* (= Geschäft) und dem weitverbreiteten bayerischen Familiennamen *Huawa* (Huber) zusammen.

⤳ GSCHDINGGAD

Ist der Bayer *gschdinggad* (= stinkig), herrscht dicke Luft. Sobald er die Nase rümpft, sollte man schleunigst verduften, bevor man seine üble Laune abbekommt.

⤳ HEIGEING

Frauen, die sich wegen ihrer dürren, groß gewachsenen Statur als *Heigeing* – zu Deutsch: Heugeige – beschimpfen lassen müssen, werden das sicher nicht als Musik in ihren Ohren empfinden. Denn ihre hagere Figur wird mit einem Stangengestell verglichen, das früher zum Trocknen von gemähtem Gras verwendet wurde. Tipp: Mit „Arschgeige" kontern!

⤳ HUDLA, HUDLARIN

Ein/e *Hudla/rin* hat wohl noch nie etwas von dem Sprichwort: „Eile mit Weile!" gehört. Denn egal, was er/sie macht, er/sie tut es restlos rastlos. „In der Ruhe liegt die Kraft" haben solche hastigen Persönlichkeiten noch nicht gerafft.

⤳ HUNDLING (VARREKTA)

Hundling ist kein Ausdruck für einen kläffenden Zeckenteppich, sondern wird von Bayern auf zweierlei Arten für Personen verwendet: Sprechen sie „Du weasd a so a *Hundling* sei!" (= Du wirst so ein Hund sein!) lobend oder bewundernd aus, ist das ein Ausdruck der Anerkennung. Betonen sie das Schimpfwort aber scharf und verächtlich, ist es äußerst beleidigend gemeint. Zusammen mit dem Beiwort „*varrekta*" wird es für Männer verwendet, die mit allen Wassern gewaschen sind.

KAASLOAWE

Wer denkt „Hau(p)tsache braun", der möchte nicht in der Haut eines *Kaasloawes* (= Käselaibes) stecken. Nicht nur Allgäuer, Emmentaler, Limburger, Edamer oder Appenzeller müssen sich als solche verspotten lassen, sondern jeder, der durch vornehme oder ungesunde käsige Blässe auffällt.

KUDDNBRUNZA

Wer in Bayern Mönche böse als *Kuddnbrunza* (= Kuttenbrunzer) – zu Deutsch: inkontinente Talarpisser – bezeichnet, ist ein frecher Bengel statt ein frommer Engel. Achtung: Kleine Sünden bestraft der liebe Gott sofort!

LAARE HOSN

Eine *laare Hosn* (= leere Hose) hat außer einem Schlappschwanz nicht viel zu bieten, denn unter seinen Geschlechtsgenossen ist er nicht gerade der Männlichste. Wie man so einen Schwächling nennt, ist Jacke wie Hose: Vielerorts wird so jemand auch als „Hemd" bezeichnet.

DA BAIA SŌGD – DER BAYER MEINT

Hoidd dei Fozzn/ Hoidd's Mei!	Halte deinen Mund!
Schdeigma doch am Huad nauf!	Rutsch mir doch den Buckel runter!
Fahr mi need a so o!	Blaff mich nicht so an!
Ich glaab, dia brennt da Huad!	Ich glaube, du spinnst!
Freinddal, Freinddal!	Freundchen, Freundchen! *Drohung, es nicht zu weit zu treiben.*
Du Depp, du damischer!	*Bairische Steigerungsform von Depp*
Mōgsd fengn?	Magst du (die Knochen) zusammenkehren? *Nachfrage, ob eine härtere Auseinandersetzung beabsichtigt wird.*

LÄDSCHNBENE, LOAMSIADA

Bei Schlafproblemen empfehlen wir dreimal täglich den Umgang mit einem *Lädschnbene* (von *lädschad* = fade), wahlweise auch mit einem *Loamsiada* (= Leimsieder). Die Geschichten oder Tätigkeiten von so bezeichneten Langweilern wirken unverzüglich einschläfernd. Bei Überdosierung bitte umgehend mindestens drei Tassen Kaffee trinken.

LAUSBUA

Ein *Lausbua* (= Lausbub) hat es faustdick hinter den Rotzlöffeln. Frech wie Oskar, juckt es solche kleinen Jungs in den Fingern, andere mit Streichen à la Max und Moritz zur Weißglut zu bringen.

LAWARA

Der *Lawara* (= Laberer) redet viel, aber sagt wenig. Es macht den Anschein, als rede er nur um des Redens willen. Wer so einen Schwätzer an der Backe hat, muss achtgeben, dass ihm das Ohr nicht abgekaut wird.

LUADA

Ursprünglich stammt der Ausdruck *Luada* (= Luder) aus der Jägersprache und bezeichnet eine „Lockspeise" – meist Aas – zum Ködern von Raubtieren. In der heutigen Verwendung sind *Luada* in erster Linie ein gefundenes Fressen für die Klatschpresse: Diese hungert förmlich danach, über den promisken Lebenswandel solch durchtriebener Frauen zu berichten.

LUANGSCHIWE

Ein *Luangschiwe* (von *liang* = lügen) ist ein bayerischer Pinoc-
chio. Im Freistaat werden Lügenbolde so beschimpft, wenn die
Stunde der Wahrheit schlägt und deren Schwindeleien ans Ta-
geslicht kommen.

Ein Augusttag in München – es is sauhoass: Mitten in der Isar
steht ein Mann, füllt einen Maßkrug mit Flusswasser und setzt
zum Trinken an. Da brüllt ihm ein Münchener zu: „Hä, du,
schbinnsd du? Du konnsd do need des dreggade Isarwässa saufa,
des is volla Baggderien! Dō griagsd an saggrischn Duachfoi drauf
und schbeim muassd aa. Dō māchan d'Hund und d'Katzn eini,
dō konnsd dro varegga!" Der Mann im Wasser hält inne und ruft
zurück: „Wat hamse jesacht, Mann? Sprechen Se keen Deutsch,
wa?" Darauf der Bayer in perfektem Hochdeutsch: „Gaanz laa-
angsam triiinken, daaas Waaasser iiist seeehr kaaalt!"

SAGGLZEMENDD

Sagglzemendd ist der bayerische „In"-Begriff des Fluchens,
egal ob bei Bauarbeitern oder Topmanagern. Gottesfürchtig
verpacken sie ihren Fluch in einen „Sack Zement" und verhül-
len damit, dass sie eigentlich auf das Sakrament schimpfen.
Geht dem Süddeutschen etwas extrem auf den Sack, stellt er
noch ein *Zefix* (kurz für „Kruzifix") voran.

SAUBÄA

Saubäa ist keine neuartige Kreuzung, sondern ein in Bayern geläufiges, meist scherzhaft gemeintes Schimpfwort für unzüchtige Männer. Entlehnt ist der Ausdruck aus der Schweinezucht, in der männliche Hausschweine, die allein für die Fortpflanzung bestimmt sind, so bezeichnet werden. Ein *Saubäa* ist aber auch ein Mann, der dreckig wie ein Ferkel rumläuft.

SAUBREISS, KINÄSISCHA

Des Bayerns Erdkunde ist ein leichte: Jegliche Bewohner jenseits des *Weißwuaschdäquators* – der Donau – werden pauschal als *Saubreissn* bezeichnet. Und wer aus Asien kommt, wird über einen Kamm geschert und ist prinzipiell *kinäsisch*. Kurzum: Auch ein Japaner ist in ihren Augen ein *kinäsischa Saubreiss*.

WAADSCHN

(H)aua – das tut weh! Wenn Bayern jemandem eine *Waadschn* verpassen, ist das im wahrsten Sinne des Wortes ein Schlag ins Gesicht. Angeblich soll das Wort eine Ohrfeige lautmalerisch wiedergeben.

WEIWARA

Frauenmangel ist für den *Weiwara* (= Weiberer) ein Fremdwort. Denn er zählt zu einer ganz besonderen Spezies: Er ist Jäger und Sammler in einem. Jedes weibliche Wesen, das so einem Don Juan vor die Flinte kommt, soll ihm sofort mit Leib und Seele zu Füßen liegen. In Bayern wird so ein Frauenheld abwertend auch *Lochgori* genannt.

ZOANBINGGL

Der *Zoanbinggl* (= Zornpickel) fährt gerne mal aus seiner Haut. Und das nicht, weil ihm seine Aknepickel auf die Nerven gehen, sondern weil ihm ein jähzorniger Charakter innewohnt.

ZWIDAWUAZN

Statt das Übel an der Wurzel zu packen, keift die *Zwidawuazn* (= Zuwiderwurzel) lieber oder ist beleidigt. Wächst in ihr schon der kleinste Unmut, lässt sie ihre Umwelt dies spüren und zeigt unverblümt die Launen ihrer Natur.

GEFLÜGELTE WORTE

CRASHKURS

Alles in Ordnung.
Ois in Budda.

Da haben wir viel Glück gehabt.
Dō hām mia a sauwas Massl g'hābd.

Nicht Kleider machen Leute, sondern der Charakter.
A Sau bleibd a Sau, aa wennsd ira a seidans Hemad oziagst.

Man kann nicht auf zwei Hochzeiten tanzen.
Ma ko mid oam Hinddan need auf zwoa Houzadn sizzn.

Ich werde leer ausgehen.
Und i schaug mit'm Ofaroa ins Gebiag.

Ich muss mal pinkeln.
I muass amoi an Leabuam beiddln.

↘ Gib acht, deine Nase läuft stark.
Bass auf, dass da dei Rotzgloggn need d'Fiass
ōbschlōgd.

↘ Egal wie knifflig die Situation auch sein mag,
irgendein Fortschritt lässt sich immer erzielen.
Und is da Weg a no so schdeil, a bissl wōs ged
ōllawei!

↘ Das Leben ist hart.
A Greiz is's!

↘ Jetzt weiß ich nicht mehr weiter.
Dō beisst's aus!

↘ Alles ist vergänglich.
Mid da Zeid ko aus'm scheensdn Hois a Grōpf
wean.

↘ Hast du mich verstanden?
Drohung Hōsd mi?

⌐ A GSCHEIDA SCHMAI SCHMEGGD OIWEI.

Dieser Spruch kann nur von wahren Genies(s)ern kommen. Übersetzt heißt das nämlich: Ein guter Schnupftabak schmeckt immer. Der bayerische Klassiker unter den „*gscheidn Schmais*" ist der Schmalzler (auch Brasil genannt).

⌐ A GUADA HOID'S AUS UND UM AN SCHLECHDN IS NEED SCHŌD.

Was haben ein guter Bayer und ein Indianer gemeinsam? Sie kennen keinen Schmerz. Das muss zumindest angenommen werden, wenn man diesem Sprichwort glaubt. Zu Hochdeutsch: Ein Guter hält es aus, und um einen Schlechten ist es nicht schade.

⌐ AN PFEIFFADEGGL GRIAGSD!

Wer dies im Freistaat auf einen geäußerten Wunsch zu hören kriegt, kann selbigen in der Pfeife rauchen. Ein *Pfeiffadeggl* (= Pfeifendeckel) ist nämlich keinen Cent wert und steht hier synonym für „gar nichts". Starker Tobak!

⌐ AUF DA OIM DŌ GIBDS KOA SÜND.

Man muss im Gebirge mit seinen Verfehlungen nicht hinterm Berg halten. Denn glaubt man diesem bayerischen Sprichwort, ist man hoch oben auf der sicheren Seite: Auf der Alm, da gibt es keine Sünde. Ob es dort an Gelegenheiten mangelt oder nur kein Pfarrer hinaufkommt, sei dahingestellt.

AUF GEHT'S BEIM SCHICHTL!

Das Oktoberfest ist des Müncheners ganzer Stolz. Wann immer es passt, macht er dafür PR. So erweitert er gerne den animierenden Spruch *„Auf geht's"* um den Zusatz *„beim Schichtl"* und macht auf diese Weise ganz nebenbei Schleichwerbung für das 1869 von der Künstlerfamilie Schichtl gegründete älteste Kuriositätentheater auf der Wiesn.

DEA RAACHD WIA DA ÄIFEZUG.

Einer, dem nachgesagt wird, er rauche wie der Elf-Uhr-Zug, raucht wie ein Schlot – gerne auch zu allen anderen Zeiten. Sprich: Das Rauchen ist ihm völlig entgleist. Allein der Gedanke an ein Leben ohne Nikotin würde ihn völlig aus der Bahn werfen.

DES GED AUF KOA KUAHAUD.

Selbst Leuten, die ein dickes Fell haben, rutscht mal der Satz raus: *„Des ged auf koa Kuuhaud"* (= Das geht auf keine Kuhhaut). Im Mittelalter glaubte man, der Teufel halte alle Sünden einer Person auf Tierhäuten fest. Kleine Sünden wurden auf Schafs- und Kalbshäuten verewigt, für große Sünder reichte aber eben nicht mal eine Kuhhaut aus.

DES IS A GMAHDE WIESN.

Diese Worte bedeuten: Es ist alles im (gras)grünen Bereich, und man(n) hat leichtes Spiel. Bekannt aus der Fernsehserie „Monaco Franze", in der zwei Damen als *gmahde Wiesn* be-

DA BAIA SŌGD – DER BAYER MEINT

Des is a Glumbb!	Dieser Gegenstand ist qualitativ minderwertig.
ums Ōrschlegga	um ein Haar, knapp vorbei
ins Ruadan kemma	in Bedrängnis oder in die Bredouille geraten
Dea dānzd wia da Lump am Schdägga.	Er tanzt besonders gut und schwungvoll.
Sax'n di!	Sieh an! *Ausruf des Erstaunens und des Respekts*
Weg mid de Brazn/Pratzn!	Hände weg!
Bäggmas!	Packen wir es! Gehen wir! Fangen wir an!

zeichnet werden. Was durch die Blume heißt: Die beiden sind dem Charme des ewigen Stenz längst erlegen.

DES IS GHUBBFD WIA GSCHBRUNGA.

Ob man hopst oder springt – das ist bei den Bayern: *ghubbfd wia gschbrunga*. Das Sprichwort wird verwendet, wenn etwas keinen großen Unterschied macht, eine Sache sozusagen das Gleiche in Grün ist.

DES IS MIA WUASCHD!

Alles hat ein Ende, nur die Wurst hat zwei. Deshalb sagen Bayern statt „Das ist mir egal" *„Des is mia wuaschd!"*. Weil die Wurst an zwei gleichen Enden angeschnitten werden kann, ist es nämlich einerlei bzw. *wuaschd*, wo anfangen wird.

DE WOCH FĀNGD SCHO GUAD O.

Wer montags schon stöhnt „Diese Woche fängt ja gut an", sollte – anders als der Urheber dieses Spruches – besser nicht den Kopf verlieren. Der legendäre bayerische Räuber und Volksheld Mathias Kneißl (1875-1902) soll diese Worte gesagt haben, bevor er enthauptet wurde. Es lebe der Galgenhumor!

DŌ LEGST DI NIEDA!

Wenn Bayern etwas umhaut oder sie etwas umwerfend finden, sagen sie voll Ver- oder Bewunderung: *„Dō legst di nieda!"*.

DŌ WEASD ĀWA OID AUSSCHAUNG.

Warnung: Wer gänzlich ohne Bairischkenntnisse in den Freistaat reist, wird aber alt ausschauen! Es besteht die Gefahr, nur Bahnhof zu verstehen. Wer *oid ausschaugt*, wird mit einer Sache keinen Erfolg haben.

DUA DI NEED SO AUFMANDLN!

Wenn sich jemand in Bayern aufplustert und den großen Macker markiert, muss man ihm mit den Worten *„Dua di need so aufmandln"* Einhalt gebieten. *Aufmandln* kommt ursprünglich von *Mandl* (= kleiner Mann), weshalb der Spruch bevorzugt bei *Zweagalaufschdändn* (= Zwergenaufständen) angebracht wird.

EBBAN IWAN DISCH ZIANG

Wenn einen die Bayern über den Tisch ziehen, dann hat die Sache einen (Finger)Haken: Man wird ausgetrickst. Das Sprichwort kommt vom bayerischen Volkssport *Fingahaggln* (= Fingerhakeln), bei dem man seinem Gegenüber nicht nur kräftemäßig, sondern auch technisch und taktisch überlegen sein kann.

EZAD WEAD NĀCHAD GLEI DA WAADSCHNBAAM UMFOIN!

Wenn in Bayern der *Waadschnbaam* (= Watschenbaum) umfällt, erntet man Ohrfeigen, die einem nicht schmecken dürften. Wer nicht zu Kleinholz gemacht werden will, sollte die Drohung daher ernst nehmen und sich schnell in sichere Gefilde retten.

FAHRN WIA A GSENGTE SAU

Wer hinterm Steuer im Schweinsgalopp über die Straßen prescht, fährt wie eine gesengte Sau. Das Absengen der Borsten geschieht zwar eigentlich erst nach dem Schlachten – die arme Sau, die dies lebendig erleiden sollte, würde aber sicherlich schnell durchbrennen, um ihre Haut zu retten.

FRIAN WIA A NĀGGADA SCHILEHRA

Wenn entsprechende Minusgrade herrschen, müssen selbst kälteerprobte Skilehrer die Hosen herunterlassen und eingestehen, dass es bitterkalt ist.

Sagt ein Bayer enttäuscht zu einer Dame aus dem horizontalen Gewerbe: „Sie häm äwa wenig Hoiz voa da Hiddn!" Darauf sie: „Um so a gloans Wiaschdl hoass z'macha, reicht's öllemoi!"

GÄ WEIDA, BLEIB HOID NO A BISSL DŌ!

Man darf die Bayern nicht zu wörtlich nehmen, sonst ist Verwirrung vorprogrammiert. Mit diesen zunächst widersprüchlich wirkenden Aussagen werden nämlich Gäste auf bayerisch-charmante Art zum Dableiben animiert, mit einem *Gä weida, kimm!* zum Beispiel zum Mitkommen aufgefordert.

HÄDD I, WENN I, WAR I

Wenn das Wörtchen „wenn" nicht wäre, wäre das Leben nur halb so schwer. In Bayern heißt das *Hädd i, wenn i, war i* (= Hätte ich, wenn ich, wäre ich). Die Botschaft bleibt gleich: Es bringt nichts, sich im Nachhinein den Kopf zu zerbrechen.

HOGG' DI HERA, SAN MA MERA

Mit den Worten „Hock' dich her, so sind wir mehr" soll eine gesellige Runde erweitert werden. Die Aufforderung ist Ausdruck bayerischer Gastfreundlichkeit – gemäß dem englischen Motto: The more, the merrier.

HOIZ VOA DA HIDDN

Achtung: Holz vor der Hütte kann Männer ziemlich heiß machen! Für Busenliebhaber ist der üppige Vorbau der Anheizer schlechthin. Offenherzige Dirndlausschnitte machen auch die *Wiesn* alljährlich zur reinsten Augen(ober)weide.

I BIN DO NEED AM DALAI LAMA SEI BREZNSOIZA!

Was haben der Dalai Lama und der Brezensalzer gemeinsam? Die Antwort ist „nichts", was die Abwegigkeit und Ironie des Spruches verdeutlicht. Wer sich weigert, des Dalai Lamas Brezensalzer zu sein, will sich etwas partout nicht gefallen lassen.

↳ I BIN DO NEED AUF DA BRENNSUBBN DAHEAGSCHWUMMA!

So wehrt sich in Bayern, wer nicht in einen Topf mit dummen Leuten geworfen werden will. Die Brennsuppe aus Mehl, Fett und Fleischbouillon war früher eine gängige Mahlzeit in armen Haushalten. Wer auf so einer Brühe daherschwimmt, stammt also aus einfachen Verhältnissen und ist auch sonst simpel gestrickt.

↳ I GANNGERT SO GEAN AUF D'KAMPNWĀND, WENN I MID MEINA WAMPN KANNT …

Wörtlich übersetzt heißt das: Ich würde so gerne auf die Kampenwand – einen bei Wanderern sehr beliebten Berg – gehen, wenn ich nur mit meiner Wampe könnte. Wenn das mal keine dicke Ausrede ist!

I ZOAG DA GLEI, WO DA BARTL AN MOST HOID! Diese Drohung wird im Sinne von „Ich zeige dir gleich, wo's langgeht" oder „Nimm dich in Acht" im Freistaat gern verwendet, auch wenn den wenigsten klar sein dürfte, was es mit Bartl und Most auf sich hat. Das Sprichwort soll vom jiddischen Wort „barzel" für Brecheisen und „ma'oth" für Münzen bzw. Geld abgeleitet sein, was wohl volksetymologisch zu Bartl und Most verdreht wurde. Wer weiß, wie man mit einem Brecheisen zu Geld kommen könnte, ist seinem Gegenüber also überlegen.

I KIMM, WĀNN I KIMM.

..... und vielleicht auch gar nicht. Der bayerische Spruch „Ich komme, wenn ich komme" ist der Inbegriff der Unverbindlichkeit. Bei Leuten, die so ticken, spielen weder feste Termine noch Pünktlichkeit eine Rolex, was anderen ziemlich auf den Zeiger gehen kann.

JO, LECKST MI AM A....

Die hier fehlenden vier Buchstaben sparen wir uns anstandshalber. In Bayern ist dieser Ausruf nicht beleidigend gemeint, sondern Ausdruck höchster Verwunderung.

MIA SAN MIA!

Vom starken bayerischen Selbstbewusstsein und Zusammengehörigkeitsgefühl zeugt dieser Spruch, beliebig erweiterbar zu *Mia san schdäagga wia de Schdia!* oder *Mia san schdäagga wia de Baam, wei mia Bajuwaren san!* Für das Gemeinschaftsgefühl auf dem Oktoberfest ist die Variante *Bia san Bia* treffender.

NEED GSCHIMBBFT, IS GLOBT GNUA.

Loben zieht nach oben – aber nicht im *Granddler*-Staat Bayern. Gute Leistungen werden nach dem Motto „Reden ist Silber, Schweigen ist Gold" einfach unkommentiert gelassen. Wäre man unzufrieden, würde man den anderen ja *zamscheissn* (= „runterputzen").

↳ NIX FIA UNGUAD!

Mit diesem Spruch versucht der Bayer zu besänftigen, wenn er sich verletzend direkt geäußert hat oder gut gemeinte Handlungen danebengingen. Nichts für ungut!

↳ NIX GWISS WOASS MA NEED.

„Nichts Genaues weiß man nicht" – legendärer Spruch eines bekannten Münchener Originals. Der „Finessensepperl" (1763 - 1828), kleinwüchsiger und auffällig gekleideter Liebesbriefbote mit dem gebürtigem Namen Joseph Huber, beantwortete damit gerne allzu neugierige Fragen.

↳ RAMADAMA!

Ran an den Dreck! Der Satz „Räumen tun wir!" stammt von dem zwischen 1948 und 1960 amtierenden Münchener Oberbürgermeister Thomas Wimmer. Mit diesen Worten motivierte er die Bevölkerung nach dem zweiten Weltkrieg zu einer großen Trümmer-Räum-Aktion, um den Wiederaufbau voranzutreiben.

↳ SCHAUNG MA AMOI, NÄCHAD SENG MA SCHO.

Schauen wir einmal, dann sehen wir schon, denken die Bayern und lassen abwartend und Bier trinkend die Dinge einfach auf sich zukommen. Hier handelt es sich übrigens um ein bekanntes Zitat des „Fußball-Kaisers" Franz Beckenbauer.

SCHWOAM MA'S ŌBE!

Manchmal ist das „Prost" des Bayern einziger Trost. Wenn der Ärger runtergespült werden muss, tönt aus der Kehle ein dumpfer Schrei: *Schütt's nei, schütt's nei!* Aber, liebe Bayern: Alkohol ist doch keine Lösung!

SO GENGA DE GANG!

Auf Bairisch das, was der Franzose mit „C'est la vie", der Engländer mit „Such is life" und der *Breiss* mit „So ist das Leben" ausdrückt. Soll heißen: Man muss das Leben so hinnehmen, wie es kommt.

WŌS DA BAUA NEED KENND, DES FRISSDA NEED.

Auf Leute, die nicht über den Tellerrand hinausschauen können, trifft dieser bairische Spruch zu. Neues schmeckt diesen

WEA KO, DEA KO! Diesen Ausdruck für zivilcouragiertes, respektloses und anarchisches Verhalten prägte der Lohnkutscher, Pferdehändler und Rennmeister Franz Xaver Krenkl (1780-1860). Obwohl niemand bessere Pferde als der spätere König Ludwig I. besitzen durfte, galoppierte Krenkl eines Tages im Englischen Garten am Kronprinzen vorbei. Auf dessen erbosten Zuruf soll Krenkl auf dem hohen Ross sitzend kess entgegnet haben: *„Wea ko, der ko"* (= „Wer kann, der kann").

Gewohnheitstieren nicht. Das Sprichwort hat den Hintergrund, dass sich Bauern früher nur das einverleibten, was sie selbst angebaut hatten.

WEISSBLAUER KULT

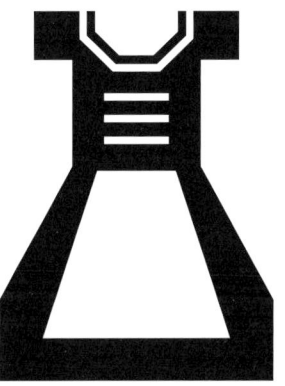

↳ CRASHKURS

↳ Wie komme ich zum Oktoberfest?
Wia kimm i zua Wiesn?

↳ Von wo hat man den besten Blick auf die Brau-
ereigespanne?
Wo siggd ma d'Brauareigschbann am besdn?

↳ Sind noch Plätze für Isar-Floßfahrten frei?
San no Blöz fia Floßfāhrdn auf da Isar frei?

↳ Gibt es unterwegs einen Biergarten?
Gibds unddawegs an Biagārddn?

↳ Ich möchte einen Kurs im Schuhplatteln belegen.
Ich mächd an Schuabladdlakuas mācha.

↳ Wo findet der Holzschnitzkurs statt?
Wo wead da Kuas im Heagoodsschnitzn gem?

↳ Besichtigen wir auch das Wolpertingermuseum?
Gemma aa ins Woibbadingamusäum?

➤ Wollen wir miteinander Schafkopfen spielen?
Woima midnand schāfkobbfa?

➤ Man hat mir meine Schnupftabakdose gestohlen.
Mei Schmeidosn is gschdoin worn!

➤ Wo gibt es die schönsten Prozessionen/Umzüge?
Wo san de schensdn Brozessiona/Umzig/Um-
gäng?

➤ Wie viel kosten die Karten für das Konzert der
Biermösl Blosn?
Wōs kosdn de Kārddn fia des Konzead vo da
Biermösl Blōsn?

➤ Wo ist der Trainingsplatz von Bayern München?
Wo is'n da Dräiningsblōz vo de Baian?

➤ Ich möchte gern ein Trikot des Bayern-Torwarts.
Ich mächd gean as Driggo vom Baian-Doaward.

AWAGLAAM

Der Aberglaube – eine Geißel der Menschheit. Wer ihn zu seiner Religion macht, für den sind Sprüche wie der folgende höchstes Gebot: Schafe rechts, ist was Schlecht's, Schafe links, da gelingt's! Aber Gott sei Dank sind Unfälle, Unglück oder Krankheit ja durch dreimaliges Klopfen auf Holz schnell verhütet.

BAUANDEADDA

Das *Bauandeadda* sind Bretter, die das Dorf bedeuten. Weit entfernt von Hollywood, geben hier vorwiegend Laiendarsteller komödiantische Geschichten aus dem ländlichen Leben zum Besten.

BIAGĀRDDN

„Ja, mia san mid'm Rad(i) da" könnte auch das Motto vieler *Biagārddn*-Besucher lauten. Denn dort trifft sich, wer sich gerne an der frischen Luft bewegt und eine selbst mitgebrachte bayerische Brotzeit verspeist. Außer Schatten spendenden Kastanien- oder Ahornbäumen beschränkt sich die Botanik in so einem „Garten" aber weitgehend auf Bierblumen.

BLŌSMUSI

Bayern blasen einem gerne den Marsch. Glück hat, wer ihn nicht verbal von einem *Granddler* (= Nörgler), sondern instrumental von Blechbläsern geblasen bekommt. Drücken diese

kräftig auf die Tuba und pusten aus vollster Lunge in Trompeten und Hörner, ertönt des Bayerns heiß geliebte, zünftige *Blōsmusi*.

BREISSNTEST

Pssssssssttt! An alle Nicht-Bayern, die sich eine Blamage ersparen wollen: Bayern lassen *Zuagroasde* gerne mal mit *Breissntests* (= Preußentests) auflaufen. Hier verraten wir ein paar Testwörter, damit Sie schon jetzt heimlich üben können: *Oachkazlschwoaf* (= Eichhörnchenschweif), *Loawedoag* (= Brötchenteig), *Muichkaramöin* (= Sahnebonbons), *ogschdocha* (= angeschickert), *Schmaizler* (= Schnupftabak), *Gschbusi* (= Liebschaft).

DIRNDL

Frauen im *Dirndl* sind des Schürzenjägers liebste Beute. Zu dem traditionellen, stark taillierten Kleid mit weitem Rockteil und einladend ausladendem Dekolleté wird immer eine passende Schürze getragen. Je nachdem, auf welcher Seite das *Deandl* im *Dirndl* sie bindet, signalisiert dies den Männern „Ich bin gebunden" (= rechts) oder „Ich bin noch zu haben" (= links).

DUID

Hier findet man vom *Boddschambbal* (= Nachttopf) bis zur chinesischen Vasenimitation und vom Kitsch bis zu wertvollen

DA BAIA SŌGD – DER BAYER MEINT

Deaf i midkārddln?	Darf ich beim Kartenspielen mitmachen?
Um wōs wead'n gschbuid?	Wie hoch ist der Spieleinsatz?
Mōgsd/Mengs vielleichd a Häfnarei oschaugn?	Möchtest du/Möchten Sie etwa eine Töpferei besichtigen?
Des wead im Räsi gschbuid.	Das wird im (Münchener) Residenztheater gespielt.
Iwamoang fāngd d'Wiesn o.	Übermorgen beginnt das Münchener Oktoberfest.
I lōd Eana fei gean zu am Brauchdumsāmd ei.	Ich lade Sie herzlich gerne zu einem Folkloreabend ein.
Am Oadd gibds aa an Läamschdadl.	Hier gibt es auch eine Diskothek.

Fundstücken alles. Außerdem sorgen Imbissstände fürs leibliche Wohl und Fahrgeschäfte für Unterhaltung. Und weil's gar so schön ist, findet sie in München dreimal im Jahr statt.

FLOSSFĀHRD

Für den Bayern ist alles im Fluss, wenn er sich auf gebundenen Baumstämmen treiben lässt und das Bier in Strömen fließt. Für manch einen gibt es nichts Berauschenderes, als sich an warmen Tagen auf *Flossfāhrd* zu begeben. Dort hat der Freistaatler auf wenigen Quadratmetern, was er zum Leben braucht: Zünftige Gemütlichkeit mit *Bia* und *Blōsmusi.*

FUASSBOI

Die schönste Nebensache der Welt spaltet München und Umgebung in zwei Lager: Es gibt die Fangemeinde des deutschen Rekordmeisters *Baian („de Roudn")* und Anhänger der *Sechzga* („*de Blaun"*, „*d'Löwn"*), einem Giesinger Verein. Die Fangesänge verraten, dass sich die Roten und die Blauen nicht ganz grün sind. Während die *Sechzga*-Freunde „Ein bisschen weiß, ein bisschen rot, und du siehst aus wie ein Idiot" singen, grölen *de Baian*: „Löwen in den Zoo".

GAMSBARD

Erblicken Gämsen einen Bayern, sollten sie auf der Hut sein, um nicht am selbigen zu landen. Denn der *Gamsbard* ist im

Gegensatz zu Geweihen, die an heimischen Wänden zur Schau gestellt werden, eine beliebte Jagdtrophäe „to go". Die gebündelten Rückenhaare des Gamsbocks gelten als Zeichen für besonderen Mut. Denn je höher sich Gämsen im Gebirge aufhalten, desto schöner ihre Haare und desto mutiger der Jäger.

↘ GLOGGNSCHBUI

Was macht um 11 Uhr vormittags klingelingeling, klingelingeling? Nein, nicht „der Eiermann", sondern beispielsweise das *Gloggnschbui* (= Glockenspiel) des Münchener Rathauses am Marienplatz. Eine akustische und visuelle Attraktion, bei der sich viele Touristen gerne eine *Gnaggstarrn* (= Genickstarre) holen.

↘ GOASSLSCHNOIZN

Wir würden Ihnen was vom Pferd erzählen, wollten wir Ihnen verklickern, das *Goasslschnoizn* (= Peitschenschnalzen) etwas mit Sadomaso zu tun hat. Keine Dominas, sondern traditionsbewusste Bayern sind es, die im Frühjahr mit lautem *Goasslschnoizn* den Winter vertreiben.

↘ GRAIGĀDAN

Beim Spiel der *Graigādan* zeigt sich der Bayer von seiner musikalischen Saite. Wer das alpenländische Zitherinstrument beherrschen will, braucht viel Fingerfertigkeit, um die vielen nah beieinanderliegenden Saiten zu zupfen und schöne Klänge zu

erzeugen. Der Begriff *Graigādan* ist eine Mischung aus *grain* (= krallen) und *Gādan* (= Gatter).

GSCHDANZL

Wer schon mal bayerische Feierlichkeiten besucht hat, wird von *Gschdanzln* ein Lied singen können. Denn wenn der Bayer dem Gastgeber was *sōng* (= sagen) will, trällert er es ihm gerne mal in Liedform mit wiederkehrendem Rhythmus vor. *Gschdanzl* sind der Vers-uch, dem Ganzen in lustigen Strophen eine unterhaltende Note zu geben.

HAFALSCHUA

Doppelt genäht hält besser. Das wissen auch die bayerischen Schuhmacher und bevorzugen deshalb für den typischen bayerischen *Hafalschua* die zwiegenähte Machart. Äußerlich gesehen ist dieses derbe Schuhwerk das Gegenteil von Highheels: bequeme, quadratlatschige *Hafal* (= große Tassen) für die Füße, die zum Arbeiten und zur Tracht angezogen werden.

HEAGOODSWINGGÄ

Warum die Kirche im Dorf lassen? Tiefgläubige Bayern haben auch in ihrer Wohnstube eine zum *Heagoodswinggä* (= Herrgottswinkel) auserkorene Zimmerecke, die mit einem Minialtar samt Kruzifix, Heiligenbildern, Bibel, Gesangbüchern, Kerzen, Kalenderblättern und Blumengestecken ausgeschmückt ist.

JODLN

Holladrio, Holladaijitto, Hollareidullijö – Verstanden? Diese aus der Volksmusik bekannten *Jodl*-Laute oder „bayerischen Ur-schreie" dienten früher der Verständigung zwischen den Sennern auf den Bergalmen. Seit geraumer Zeit existieren im Freistaat auch Jodel-Schulen. Wie spätestens seit dem Loriot-Sketch bekannt ist, erhält sogar ein Jodeldiplom, wer „Holleri du dödl di, diri diri dudl dö" einwandfrei draufhat.

LEDAHOSN

Latz und Leder – der Fetisch schlechthin für bayerische Traditionalisten. Wenn Frau auf der *Wiesn Hoiz voa da Hiddn* präsentiert, zeigt Mann in kurzen oder knielangen Hirsch*ledahosn* Bein. Das ehemalige Arbeitsgewand ist heute ein Muss im Kleiderschrank der High-Society. „Laptop und Lederhose" – so vereint man in Bayern Tradition und Modernität.

LOFAL

Der ein oder andere Tourist wird beim Anblick der männlichen Beinbekleidung in Bayern STUTZEN. Betont das zweiteilige Strumpfset aus einem grob gestrickten Unterschenkel- und Fußteil doch nur allzu auffällig des Bayerns stramme Waden.

MAIBAAMSCHDÄIN

Gewiefte Langfinger lachen sich einen Ast, wenn es ihnen gelungen ist, sich mit dem Maibaum der Nachbarsgemeinde heimlich davonzustehlen. Das *Maibaamschdäin* (= Maibaum-stehlen) ist ein beliebter Brauch in den ländlichen Regionen Bayerns. Gegen massig Bier und Brotzeit kann der Eigentümer seinen Baum wieder auslösen.

Sitzt der Bayer beim Arzt. Sagt der Doktor: „Ich bräuchte von Ihnen bitte eine Urin-, eine Blut- und eine Spermaprobe." Der Bayer zieht seine Lederhose aus, überreicht sie dem Arzt und sagt: „Biddschee!"

↴ OARSCHEIM

Für manch einen Freistaatler ist der altbayerische Brauch des *Oarscheims* (= Eierschiebens) am Ostersonntag das Gelbe vom Ei. Nach der Eiersuche wird mit zwei nebeneinanderliegenden Heurechen eine Rinne gebildet, an deren höchsten Punkt die Spieler ihre einzelnen Eier legen und nebeneinander herunter-rollen lassen. Der Besitzer, dessen Ei die Aktion unbeschadet überlebt, gewinnt das des anderen.

↴ OIMĀBDRIAB

Mit großen Glocken behangen, läuten die Kühe das Ende des *Oimsummas* (= Almsommers) ein. Hatten die Senner ein gutes

Jahr und ist keine der *Kiah* (= Kühe) zu Schaden gekommen, wird der *Oimābdriab* (= Almabtrieb) mit einem klingend-muhenden Festzug ins Tal feierlich begangen. Mit viel Liebe schmücken die Senner ihre Kühe, bevor sich Mensch und Tier in Bewegung setzen: Kränze aus Latschenzweigen, Blumen und Bändern vereinen Flora und Fauna.

OGGDOWAFESCHD BZW. WIESN: Jedes Jahr fiebern Amüsierlustige aller Nationen nach 50-wöchiger Durststrecke dem *Oggdowafeschd* auf der Münchener Theresienwiese entgegen. Auf dem größten „Bierzeltplatz" der Welt hat der Besucher die Qual der Wahl: Ob Augustiner, Paulaner oder Spaten – allesamt schenken süffiges und leckeres Bier aus. Und wie der Wiesnhit „Rätätä – morgen ham ma Schädlweh, Schädlweh is schee" verrät, werden Nebenwirkungen gerne in Kauf genommen.

Zu verdanken haben wir die *Wiesn* den Zuschauern des Pferderennens, das 1810 anlässlich der Hochzeit von Kronprinz Ludwig von Bayern auf der später nach seiner Braut benannten Theresienwiese stattfand. Es waren so viele, dass die Regierung beschloss, die Treue des Volkes zur Krone mit dem Oktoberfest zu belohnen, das später aus Wettergründen in den September verlegt wurde.

SCHĀFKOBBFA

Wenn Sie in bayerischen Wirtshäusern „Mid da hundsgficktn Sau" hören, bitte nicht schockiert sein. Es geht dann nicht um animalischen Sex, sondern um die Spielkarte „Schellen-Ass" beim beliebten bayerischen Kartenspiel *Schāfkobbfa* (= Schafkopf). Da der Bayer bekanntlich kein Blatt vor dem Mund nimmt, bestimmt er mit diesem derben Ausruf seinen Spielpartner und lässt dabei ungeniert durchblicken, womit er die Abbildung auf der Karte assoziiert.

SCHARIWARI

Wer danach trachtet, Lederhosen und Dirndl noch weiter zu schmücken, trägt ein *Schariwari* (= Charivari) – das bayerische Accessoire schlechthin. An der starken, silbernen Kette baumeln in Silber gefasste Hirschzähne, Keilerhauer, Hirsch-, Reh- oder Gamshornspitzen, silberne Taler oder Zunftzeichen.

SCHDAMMDISCH

Männer brauchen sieben Dinge: Sex und ein Bier. Letzteres nehmen bayerische Mannsbilder gerne im Kreise ihrer gleichnamigen „Brüder" an einem *Schdammdisch* (= Stammtisch) in ihrer Lieblingswirtschaft ein. Auf den Punkt gebracht: *Dōhoggandedewooiweidōhoggan* (= Da sitzen die, die immer da sitzen).

⬎ SCHDÄRGGBIAZEID

Mit des Bieres Hochgenuss wächst des Bauches Radius! Pünktlich zur Fastenzeit wird auf dem Münchener Nockherberg die Starkbierzeit eröffnet und Bier mit über 16 Prozent Stammwürze ausgeschenkt. Ob die Paulanermönche da wirklich ein Fastenbier oder nicht doch eher ein Festbier zusammenbrauten, ist strittig.

⬎ SCHDOAHEM

Mit steinharten Muskeln hieven die süddeutschen Pfundskerle bei den Meisterschaften einen 508 Pfund schweren Stein an einem Ring in die Höhe. Sieger ist, wer ihn am höchsten anheben kann. Wieso gerade 508 Pfund? Die Altbaiern glaubten, dass um 508 n. Chr. die Urahnen stark genug waren, um die Römer aus dem Land zu jagen und ihre Heimat zurückzuerobern.

⬎ SCHMOIZLA

Der *Schmoizla* (= Schnupftabak) ist „bayerisches Kokain" mit Suchtpotenzial. Er gehört neben dem Bier und der Zigarre zu den am weitesten verbreiteten Genussmitteln unter den Traditionalisten. Mit der Nase saugt man kleine Häufchen vom Handrücken der Faust ein. Für Profis gilt: Genießen ohne zu niesen!

⬎ SCHUABLADDLA

Kein Kalauer: Der *Schuabladdla* (= Schuhplattler) ist ein wahrer Schenkelklopfer. Klopfend, stampfend und klatschend wer-

den im wahrsten Sinne des Wortes heiße Sohlen aufs Parkett gelegt, um der bayerischen Lebensfreude tänzerisch Ausdruck zu verleihen.

WOIBBADINGA

Schon mal einem Pudel Hörner aufgesetzt? Oder einem Uhu ein Ringelschwänzchen angeklebt? Beim Zusammenstellen eines *Woibbadingas* (= Wolpertingers), eines ausgestopften Mischwesens, sind der Kreativität keine Grenzen gesetzt. Tierpräparatoren begannen im 19. Jahrhundert, Körperteile von unterschiedlichen Tierarten zusammenzusetzen, angeblich um sie an leichtgläubige Touristen zu verkaufen (was auch heute noch funktioniert).

WUIDARA, WUIDSCHIZZN: Möchte man meinen, dass sich *Wuidara* (= Wilderer) bzw. *Wuidschizzn* (= Wildschützen) von jeher einen Bock geschossen haben, wenn sie illegalerweise Beute erlegten. Doch das ist ein Irrtum: Wer in Altbayern gegen das Jagdprivileg rebellierte, wurde vom Volk als wahrer Held gefeiert. Mit dieser Form der bayerischen Anarchie gingen der „Boarische Hiasl" Matthias Klostermayr, der Kneißl sowie der Wilderer Lampl in die Geschichte ein – und allen voran der allseits bekannte Jennerwein Girgl, nach dem sogar eine Schwabinger Kultkneipe benannt wurde.

WOIFĀHRD

Wer in Sachen Glauben unterwegs ist, muss nicht zwingend ein Sektenfänger sein. Es kann sich auch um einen Pilger auf dem Weg zu einer *Woifāhrds*stätte handeln. Auf Wallfahrt tut der tiefgläubige Bayer Buße, erfüllt Gelübde, sucht religiöse Meditation, bedankt sich bei Gott oder hofft, dass ein bestimmtes Gebet erhört wird.

↳ KANNST DU'S MIT DEN BAYERN?

1 WENN DER BAYER SICH SEINER MEINUNG NACH LANG UND BREIT ENTSCHULDIGT, SAGT ER …

- ☐ „Fei".
- ○ „Öha".
- ⬡ „Hä".

2 „EIN FREUND, EIN GUTER FREUND, DAS IST DAS BESTE, WAS ES GIBT AUF DER WELT!" WIE WIRD ER IN BAYERN GENANNT?

- ☐ Moila
- ○ Boinbruada
- ⬡ Spezi

3 HUNDE MIT KATZENAUGEN, KRÄHENFÜSSEN UND KANIN-CHENOHREN, DIE IHREN RATTENSCHWANZ NICHT MEHR HINTER SICH HERZIEHEN KÖNNEN, WEIL SIE AUSGESTOPFT SIND, HEISSEN IN BAYERN …

- ☐ Abruiaffn.
- ○ Schariwaris.
- ⬡ Woibbadinga.

4 SPÄTESTENS SEIT ROBERTO BLANCOS LIED WISSEN WIR: „EIN BISSCHEN SPASS MUSS SEIN". IN BAYERN HEISST SELBIGER ...

- ☐ Diredari.
- ○ Duid.
- ◯ Gaudi.

5 WAS VERBIRGT SICH HINTER DEM WORT *GLOGGNSCHBUI*?

- ☐ Eine erotische Brustmassage für Frauen
- ○ Eine bimmelnde Spieluhr als Touristenattraktion
- ◯ Ein baumelnder Halsschmuck für Kühe

6 WELCHES DIESER NATURPHÄNOMENE KANN IN BAYERN SCHMERZHAFT WERDEN?

- ☐ Umfallende Waadschnbäume
- ○ Aus den Alpen kommende Fehnwinde
- ◯ Der Genuss von Schwammaln

7 WENN DER BAYER *FUASSLT*, ...

- ☐ gestaltet er Bilder mit Kartoffeldruck.
- ⬡ macht er Pediküre.
- ⬡ tauscht er Zärtlichkeiten unter dem Tisch aus.

8 WAS ERWARTET EINEN, WENN MAN IN BAYERN ZU HÖREN KRIEGT: „*AN PFEIFFADEGGL GRIAGSD*"?

- ☐ Eine Backpfeife
- ⬡ Gar nichts
- ⬡ Ein Pfeifkonzert

9 WER BENZT ...

- ☐ prahlt mit einem teuren Mercedes Benz.
- ⬡ bettelt hartnäckig um etwas.
- ⬡ bekleckert sich beim Essen.

10 WAS IST EIN SCHMOIZLA?

- ☐ Eine schnulzige bayerische Ballade
- ⬡ Ein Zungenschnalzer der Jodler
- ⬡ Ein Tabak zum Schnupfen

Lösung:
1⬡, 2⬡, 3⬡, 4⬡, 5⬡, 6☐, 7☐, 8⬡, 9⬡, 10⬡